Mathematics
TWO

FOR COMMON ENTRANCE

Answers

Mathematics

TWO

FOR COMMON ENTRANCE

Answers

Serena Alexander

GALORE PARK
AN HACHETTE UK COMPANY

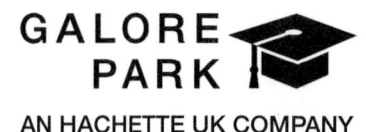

About the author

Serena Alexander has taught mathematics since 1987, originally in both maintained and independent senior schools. From 1990 she taught at St Paul's School for Boys, where she was Head of mathematics at their Preparatory School, Colet Court, before moving first to Newton Prep as Deputy Head and then to Devonshire House as Head. She is now an educational consultant, with a focus on mathematics, and an ISI reporting inspector and in addition she helps to run regular mathematics conferences for prep school teachers.

Every effort has been made to trace all copyright holders, but if any have been inadvertently overlooked the publishers will be pleased to make the necessary arrangements at the first opportunity.

Although every effort has been made to ensure that website addresses are correct at time of going to press, Galore Park cannot be held responsible for the content of any website mentioned in this book. It is sometimes possible to find a relocated web page by typing in the address of the home page for a website in the URL window of your browser.

Hachette UK's policy is to use papers that are natural, renewable and recyclable products and made from wood grown in sustainable forests. The logging and manufacturing processes are expected to conform to the environmental regulations of the country of origin.

Orders: please contact Bookpoint Ltd, 130 Milton Park, Abingdon, Oxon OX14 4SB. Telephone: +44 (0)1235 827827. Lines are open 9.00a.m.–5.00p.m., Monday to Saturday, with a 24-hour message answering service. Visit our website at www.galorepark.co.uk for details of other revision guides for Common Entrance, examination papers and Galore Park publications.

ISBN: 978 1 4718 4680 9

© Serena Alexander 2015

First published in 2015 by

Galore Park Publishing Ltd,

An Hachette UK Company

Carmelite House

50 Victoria Embankment

London EC4Y 0DZ

www.galorepark.co.uk

Impression number   10 9 8 7 6 5 4 3 2 1

Year   2019 2018 2017 2016 2015

All rights reserved. Apart from any use permitted under UK copyright law, no part of this publication may be reproduced or transmitted in any form or by any means, electronic or mechanical, including photocopying and recording, or held within any information storage and retrieval system, without permission in writing from the publisher or under licence from the Copyright Licensing Agency Limited. Further details of such licences (for reprographic reproduction) may be obtained from the Copyright Licensing Agency Limited, Saffron House, 6–10 Kirby Street, London EC1N 8TS.

Illustrations by Integra Software Services Pvt. Ltd

Some illustrations by Graham Edwards were re-used. The publishers will be pleased to make the necessary arrangements with regard to these illustrations at the first opportunity.

Typeset in India

Printed in the UK

A catalogue record for this title is available from the British Library.

Contents

	Introduction	vi
1	Working with numbers	1
2	Back to Babylon	8
3	Written calculations	15
4	Measurement and the metric system	20
5	Fractions	24
6	Probability	28
7	Algebra 1: Expressions and formulae	34
8	More about numbers	40
9	Perimeter and area	45
10	Percentages	50
11	Ratio and enlargement	54
12	Algebra 2: Equations and brackets	61
13	Angles and polygons	66
14	Scale drawings and constructions	73
15	Straight-line graphs	84
16	Handling data	97
17	Transformations	113
18	3D shapes	123
19	Algebra 3: More equations	130
20	Sequences	133

Introduction

This book provides a complete set of answers to the questions in *Mathematics for Common Entrance Two*.

For some questions and activities, pupils are asked to copy diagrams from the book. They may find tracing paper helpful when doing this.

◯ Setting out work

Pupils are individuals and no two will present work in exactly the same way. However, it is important to set basic ground rules for presentation, as keeping their calculations neat and clear will help pupils to avoid mistakes. It will also enable you to see what they are doing.

For simple arithmetic:

```
                                                    16/02/14
LO        Ex. 1.1 Adding T and U

    1        1 2            6         2 8
           + 2 7                     + 1 1
             3 9

    2        3 2
           + 1 6
```

For more complex problems, encourage the 'saucepan' shape for setting out chains of calculations.

```
                                                    16/02/14
LO        Multiplying using factors
          GP5 Page 52 Ex 4B

    1     25 × 36 = 25 × 4 × 9
                  = 100 × 9
                  = 900

    2     14 × 18 = 14 × 3 × 6
```

1 Working with numbers

In this introductory chapter, pupils revise many of the basic concepts, with a particular focus on estimating, rounding and sensible ways of checking answers.

Exercise 1.1

1 (a) 45   (b) 67   (c) 0.45
2 (a) 35   (b) 19   (c) 6.65
3 (a) 154   (b) 203   (c) 1.54
4 (a) 16   (b) 240   (c) 2.4
5 (a) 175   (b) 292   (c) 1.75
6 (a) 28   (b) 672   (c) 0.672
7 (a) 196   (b) 608   (c) 5.08
8 (a) 45   (b) 1440   (c) 14.4
9 (a) 24   (b) 4.5   (c) 10.8
10 (a) 5.4   (b) 1890   (c) 18.9

Exercise 1.2

Slightly different answers are acceptable if they have rounded 1432 to say 1400, not 1000

Exact answers are given in brackets.

1 6000 (6976)
2 20 (16.63)
3 40 000 (35 550)
4 35 (42.88)
5 24 000 (26 789)
6 20 (17.77)
7 100 000 (108 900)
8 8 (8.23)
9 600 000 (899 296)
10 120 (135.11)

11 90 000 (91 750)
12 4 (3.60)
13 2 000 000 (2 095 800)
14 8 (8.42)
15 60 000 (62 964)
16 36 (36.48)
17 45 000 (41 424)
18 23 (22.58)
19 20 (19.70)
20 20 (21.05)

Exercise 1.3

Answers may vary a little depending on the approximations made.

1 320 000
2 120 000
3 32 000 000
4 900 000
5 15 m, 6 × 1.5 m
6 £40
7 50
8 20 hours
9 30 hours
10 200 words per minute

Exercise 1.4

1 (a) 5   (c) 5   (e) 4
   (b) 2   (d) 2   (f) 2

2 (a) (i)   3069
       (ii) 2699, too small
       (iii) 2708, last digit
   (b) (i)   818, too small
       (ii) 1029, last digit
       (iii) 1218
   (c) (i)   1058, too small
       (ii) 1798
       (iii) 1218, too small
   (d) (i)   4056
       (ii) 456, too small
       (iii) 35 016, too big
   (e) (i)   3616, last digit
       (ii) 3492, too small
       (iii) 3672
   (f) (i)   2718, last digit
       (ii) 3861
       (iii) 4081, too big

3 Pupils should have used their calculators to check their answers to question 2

4 (a) 37 × 25 = 925
   (b) 29 × 78 = 2262
   (c) 45 × 87 = 3915
   (d) 32 × 49 = 1568
   (e) 29 × 58 = 1682
   (f) 81 × 61 = 4941

Exercise 1.5

The speed at which your pupils work through these will tell you a great deal about their mental arithmetic skills.

1. (a) 15 + 82 = 97
   (b) 36 + 43 = 79
   (c) 28 + 71 = 99
   (d) 24 + 53 = 77
   (e) 65 + 24 = 89
   (f) 25 + 39 = 64
   (g) 18 + 73 = 91
   (h) 57 + 36 = 93
   (i) 29 + 64 = 93
   (j) 46 + 35 = 81

2. (a) 6 × 9 = 54
   (b) 7 × 8 = 56
   (c) 3 × 15 = 45
   (d) 17 × 2 = 34
   (e) 4 × 26 = 104
   (f) 17 × 5 = 85
   (g) 3 × 19 = 57
   (h) 12 × 9 = 108
   (i) 9 × 13 = 117
   (j) 25 × 7 = 175

3. (a) 35 + 15 = 50
   (b) 27 − 18 = 9
   (c) 166 + 223 = 389
   (d) 168 − 49 = 119
   (e) 123 + 337 = 460
   (f) 356 − 129 = 227
   (g) 532 + 119 = 651
   (h) 281 − 59 = 222
   (i) 364 + 259 = 623
   (j) 507 − 169 = 338

4. (a) 108 ÷ 12 = 9
   (b) 144 ÷ 6 = 24
   (c) 132 ÷ 4 = 33
   (d) 125 ÷ 5 = 25
   (e) 375 ÷ 5 = 75
   (f) 275 ÷ 25 = 11
   (g) 135 ÷ 15 = 9
   (h) 315 ÷ 9 = 35
   (i) 1050 ÷ 25 = 42
   (j) 1440 ÷ 18 = 80

5. (a) 156 + 76 = 232
   (b) 457 − 268 = 189
   (c) 25 × 9 = 225
   (d) 170 ÷ 5 = 34
   (e) 145 + 567 = 712
   (f) 402 − 123 = 279
   (g) 19 × 11 = 209
   (h) 308 ÷ 44 = 7
   (i) 35 × 15 = 525
   (j) 706 − 358 = 348

Exercise 1.6

1. 23
2. 0
3. 32
4. 8
5. 11
6. 4
7. 3
8. 27
9. 16
10. 81

Exercise 1.7

1. (a) (i) 10 000
      (ii) 13 600
   (b) (i) 350 000
      (ii) 346 500
   (c) (i) 2 430 000
      (ii) 2 434 700
   (d) (i) 100 000
      (ii) 95 000
   (e) (i) 30 000
      (ii) 29 000
   (f) (i) 200 000
      (ii) 200 000

2. (a) (i) 0.2
      (ii) 0.175
   (b) (i) 24.0
      (ii) 24.026
   (c) (i) 5.0
      (ii) 5.001
   (d) (i) 25.9
      (ii) 25.914
   (e) (i) 19.1
      (ii) 19.092
   (f) (i) 13.3
      (ii) 13.300

3. (a) (i) 15 000 000
      (ii) 14 653 000
   (b) (i) 20 000 000
      (ii) 19 856 000
   (c) (i) 6 000 000
      (ii) 6 176 000
   (d) (i) 18 000 000
      (ii) 17 500 000
   (e) (i) 10 000 000
      (ii) 9 600 000
   (f) (i) 7 000 000
      (ii) 6 941 000

4. (a) (i) 5
      (ii) 5.19
   (b) (i) 1
      (ii) 0.95
   (c) (i) 14
      (ii) 13.72
   (d) (i) 2
      (ii) 1.74
   (e) (i) 10
      (ii) 9.61
   (f) (i) 2
      (ii) 2.20

5 2 500 000

6 5499

7 198.5

8 454.9999...

9 9.085

10 0.949 999...

Exercise 1.8

1 (a) $n \geqslant 2$ and $n < 8$, $n = 2, 3, 4, 5, 6, 7$
  (b) $n > 5$ and $n \leqslant 7$; $n = 6, 7$
  (c) $n \geqslant 10$ and $n < 13$; $n = 10, 11, 12$
  (d) $n > 22$ and $n < 24$; $n = 23$
  (e) $n > 55$ and $n \leqslant 61$; $n = 56, 57, 58, 59, 60, 61$
  (f) $n \geqslant 95$ and $n < 99$, $n = 95, 96, 97, 98$

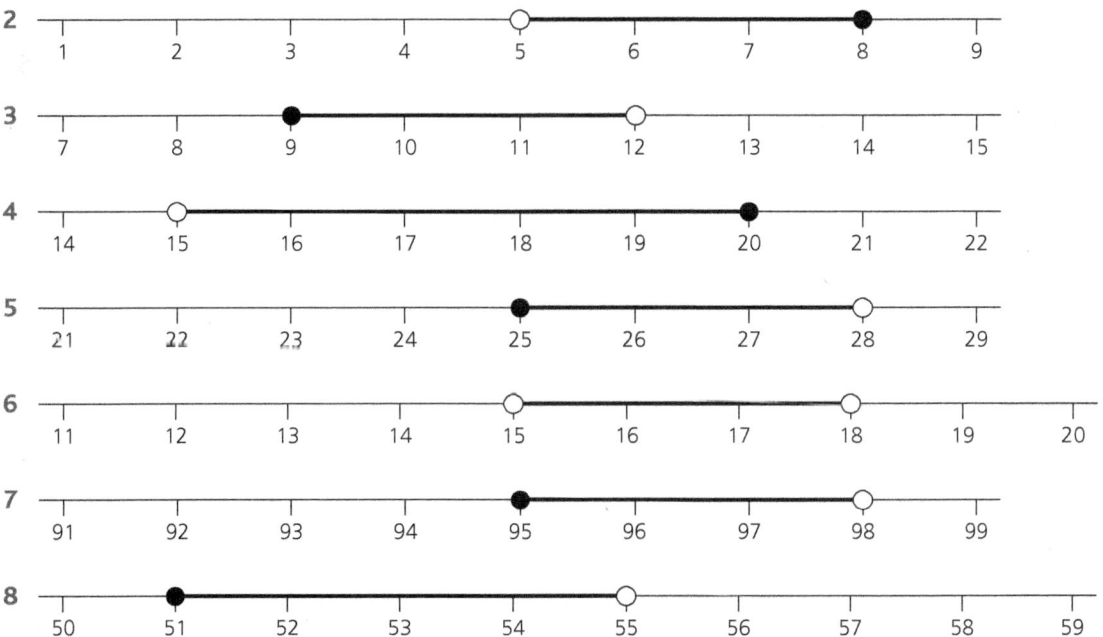

Extension Exercise 1.9

It is not the answer that is the objective here, but the correct writing down of the calculation.

1. $(4 + 7) \times 6 = 66$
2. $15 - (36 \div 9) = 11$
3. $(28 \div 4) - (36 \div 9) = 3$
4. $(10^2 \div 5) - (6^2 \div 4) = 11$
5. $(9 - 5) \div 2 = 2$
6. $(34 \div 2) - 5 = 12$
7. $(12^2 \div 2) = 72$
8. $(21 \div 3)^2 = 49$
9. $(8 \times 4) - (6 \times 5) = 2$; Clucky
10. The square of my sister's age must be divisible by 12, the only number under 12 that has a square that is a multiple of 12 is 6 ($6 \times 6 = 36$)

    $(6^2 \div 12) = 3$; my brother is 3

Summary Exercise 1.10

1. A = 1250, B = 600, C = ⁻250, D = ⁻1100
2. (a) (i) 45 910   (b) (i) 346 440
       (ii) 46 000   (ii) 346 000
3. (a) (i) 13   (b) (i) 33
       (ii) 13.05   (ii) 33.50
4. (a) 346   (b) 971   (c) 9.71
5. (a) 65   (b) 2.8   (c) 1.82
6. (a) 15 000   (b) 1 000 000   (c) 200   (d) 12.5
7. (a) 765   (b) 1296   (c) 1794

8 (a) 124 + 56 = 180
  (b) 458 − 214 = 244
  (c) 35 × 4 = 140
  (d) 160 ÷ 5 = 32
  (e) 157 + 398 = 555
  (f) 601 − 187 = 414
  (g) 17 × 13 = 221
  (h) 448 ÷ 56 = 8

9 (a) 5 × 7 + 63 ÷ 7 = 44
  (b) 5 × (7 + 63) ÷ 7 = 50

10 ((365 − 158) × 5) − (158 × 6). The girls need 87 more pairs of socks.

Activity: Dice games

Practical activity

There are many other games you can play with dice. Get your pupils to invent some.

2 Back to Babylon

Exercise 2.1

1. (a) 216, yes
   (b) 480, yes
   (c) 425, no
   (d) 614, no
   (e) 12 324, yes

2. (a) 216, yes
   (b) 891, yes
   (c) 617, no
   (d) 6138, yes
   (e) 19 368, yes

3. (a) 7, yes
   (b) 27, no
   (c) 77, yes
   (d) 717, no
   (e) 91, yes

4. (a) 88, yes
   (b) 121, yes
   (c) 292, no
   (d) 374, yes
   (e) 2574, yes

5. (a) 1, 17
   (b) 1, 37
   (c) 1, 71
   (d) 1, 83
   (e) 1, 101

6. (a) 1
   (b) 1, 5, 25
   (c) 1, 2, 4, 8, 16, 32, 64
   (d) 1, 3, 9
   (e) 1, 2, 3, 4, 6, 8, 12, 18, 24, 36, 48, 72, 144

7. (a) 1, 2, 5, 10
   (b) 1, 2, 4, 8, 16
   (c) 1, 2, 3, 4, 6, 8, 12, 24
   (d) 1, 2, 3, 4, 5, 6, 10, 12, 15, 20, 30, 60
   (e) 1, 2, 4, 5, 10, 20, 25, 50, 100

8. It has a lot of factors.

9. The numbers in question 5 are prime numbers and the numbers in question 6 are square numbers.

Exercise 2.2

1. 2, 3, 5, 7, 11, 13, 17, 19, 23, 29, 31, 37, 41, 43, 47

2. (a) 87, no (c) 107, yes (e) 231, no
   (b) 91, no (d) 207, no

3. (a) $16 = 2 \times 2 \times 2 \times 2$
   (b) $40 = 2 \times 2 \times 2 \times 5$
   (c) $120 = 2 \times 2 \times 2 \times 3 \times 5$
   (d) $28 = 2 \times 2 \times 7$
   (e) $100 = 2 \times 2 \times 5 \times 5$

4. (a) 18 (c) 360 (e) 2200
   (b) 36 (d) 900

5. (i) (a) 3, 6, 9, 12, 15
       (b) 6, 12, 18, 24, 30
       (c) 12, 24, 36, 48, 60
   (ii) (a) $3, 6 = 2 \times 3, 9 = 3^2, 12 = 2^2 \times 3, 15 = 3 \times 5$
        (b) $6 = 2 \times 3, 12 = 2^2 \times 3, 18 = 2 \times 3^2, 24 = 2^3 \times 3, 30 = 2 \times 3 \times 5$
        (c) $12 = 2^2 \times 3, 24 = 2^3 \times 3, 36 = 2^2 \times 3^2, 48 = 2^4 \times 3, 60 = 2^2 \times 3 \times 5$
        Each number is the original product × the multiplier.

6. (a) $252 = 2^2 \times 3^2 \times 7$
   (b) $1155 = 3 \times 5 \times 7 \times 11$
   (c) $798 = 2 \times 3 \times 7 \times 19$
   (d) $11475 = 3^3 \times 5^2 \times 17$
   (e) $6215 = 5 \times 11 \times 113$

7. (a) 3 (b) 8 (c) 20

8. (a) 40 (b) 80 (c) 100

Exercise 2.3

1. (a) 24 (c) 36 (e) 80
   (b) 66 (d) 56 (f) 126

2. (a) 180 (c) 360 (e) 3200
   (b) 720 (d) 2016 (f) 4410

3 (a) 84   (c) 99   (e) 90
  (b) 24   (d) 96
  (f) Primes: 2, 3, 5, 7, 11, 13, 17, 19, 23, 29, 31, 37, 41, 43, 47, 53, 59, 61, 67, 71, 73, 79, 83, 89, 97
  (g) Squares: 1, 4, 9, 16, 25, 36, 49, 64, 81, 100
  (h) 90   (i) 19   (j) 10

Exercise 2.4

1 (a) $4^2 = 16$ (b) $2^2 = 4$ (c) $6^2 = 36$

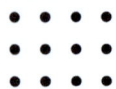

2 (a) 49   (b) 81   (c) 121

3 1, 4, 9, 16, 25, 36, 49, 64, 81, 100

4 (a) 48, 63, 80
  (b) One less than a square number.

5 (a) 51, 66, 83
  (b) 2 more than a square number.

6 [0,] 1, 4, 9, 16, 25, 36, 49, 64, 81, 100 although it says to start with zero, zero should not be written down. They are square numbers.

7 7

8 (a) 4   (b) 2   (c) 6

9 Evaluate (a long word meaning 'find the value of')
  (a) 10   (d) 5
  (b) 9   (e) 8
  (c) 1   (f) 12

10 $9 + 16 = 25$; $36 + 64 = 100$

11 The largest angle is 90°

Exercise 2.5

1. (a) 8   (b) 27   (c) 64

2.
n	1	2	3	4	5	6	7	8	9	10	11	12
n^3	1	8	27	64	125	216	343	512	729	1000	1331	1728

3. (a) 2   (b) 5   (c) 10

4. (a) 4   (b) 9   (c) 6   (d) 7   (e) 8

5. 1 and 64

6. No!

Exercise 2.6

In this exercise, the terms T_1, T_2 ... represent the triangular numbers.

1. 1, 3, 6, 10, 15, 21, 28, 36, 45, 55

2. The sums of the pairs are square numbers.

3. For example:
   - ● ○ ○
   - ● ● ○
   - ● ● ●

4. $9 \times T_1 + 1 = 9 \times 1 + 1 = 10 = T_4$

   $9 \times T_2 + 1 = 28 = T_7$ $9 \times T_4 + 1 = 91 = T_{13}$

   $9 \times T_3 + 1 = 55 = T_{10}$ $9 \times T_5 + 1 = 136 = T_{16}$ etc.

   When you multiply a triangular number T_n by 9 and add 1 you get the triangular number that is T_{3n+1}

5. 66, 78, 91, 105, 120; 1, 3, 6, 0, 5, 1, 8, 6, 5, 5, 6, 8, 1, 5, 0; no 2, 4, 7, 9

   Pairs make 5, 4, 9, 6, 14, 11, 10, only. (Note: if this is continued then there is a pair sum of (171 + 190) and a pair sum of (190 + 210)

6. 1, 3, 6, 1, 6, 3, 1, 9, 9, 1, 3, 6, 1, 6, 3

   Only 1, 3 and 6 are triangular numbers.

7. $8 \times T_1 + 1 = 8 \times 1 + 1 = 9$

   $8 \times T_2 + 1 = 25$ $8 \times T_4 + 1 = 81$

   $8 \times T_3 + 1 = 49$ $8 \times T_5 + 1 = 121, ...$

   The results are all squares.

8 One side is always 1 unit longer than the other.

9 The results are the triangular numbers.

10 (a) 10 × 11 ÷ 2 = 55

   (b) 20 × 21 ÷ 2 = 210

   (c) 100 × 101 ÷ 2 = 5050

Extension Exercise 2.7

1
1 × 25 = 25	1 × 125 = 125	1 × 225 = 225
2 × 25 = 50	2 × 125 = 250	2 × 225 = 450
3 × 25 = 75	3 × 125 = 375	3 × 225 = 675
4 × 25 = 100	4 × 125 = 500	4 × 225 = 900
5 × 25 = 125	5 × 125 = 625	5 × 225 = 1125
6 × 25 = 150	6 × 125 = 750	6 × 225 = 1350
7 × 25 = 175	7 × 125 = 875	7 × 225 = 1575
8 × 25 = 200	8 × 125 = 1000	8 × 225 = 1800
9 × 25 = 225	9 × 125 = 1125	9 × 225 = 2025
10 × 25 = 250	10 × 125 = 1250	10 × 225 = 2250

2 24 × 19 = 24 × (20 − 1)

          = 24 × 20 − 24 × 1

          = 480 − 24

          = 456

3 (a) 475   (c) 1247   (e) 11 475

   (b) 608   (d) 1025   (f) 7750

4 (a) 600   (c) 1485   (e) 3870

   (b) 1680   (d) 6720   (f) 1820

5 (a) Product of prime factors is $2^4 \times 3^2$. Square root is 12

   (b) Product of prime factors is $3^4 \times 5^2$. Square root is 45

   (c) Product of prime factors is $2^4 \times 3^4$. Square root is 36

   (d) Product of prime factors is $2^4, 3^2 \times 5^2$. Square root is 30

   (e) Product of prime factors is $5^2 \times 7^2$. Square root is 35

   (f) Product of prime factors is $2^2, 3^2 \times 7^2$. Square root is 42

6 (a) Product of prime factors is $2^6 \times 3^3$. Cube root is 12
  (b) Product of prime factors is $2^3 \times 7^3$. Cube root is 14
  (c) Product of prime factors is $2^3 \times 3^6$. Cube root is 18
  (d) Product of prime factors is $5^3 \times 7^3$. Cube root is 35
  (e) Product of prime factors is $2^9 \times 3^3$. Cube root is 24
  (f) Prime factors are 2^6 and 3^6. Cube root is 36

7 (a) Product of prime factors is $2^4 \times 7^2$. Square root is 28
  (b) Product of prime factors is $2^4 \times 7^2$. Square root is 28
  (c) Product of prime factors is $2^2 \times 3^4$. Square root is 18
  (d) Product of prime factors is $2^4 \times 3^2 \times 5^2$. Square root is 60
  (e) Product of prime factors is $3^4 \times 5^2 \times 7^2$. Square root is 315
  (f) Product of prime factors is $2^2 \times 5^2 \times 11^2$. Square root is 110

8 (a) Product of prime factors is $2^3 \times 3^3$. Cube root is 6
  (b) Product of prime factors is $2^3 \times 7^3$. Cube root is 14
  (c) Product of prime factors is $2^3 \times 7^3$. Cube root is 14
  (d) Product of prime factors is $3^3 \times 7^3$. Cube root is 21
  (e) Product of prime factors is $2^3 \times 3^3 \times 7^3$. Cube root is 42
  (f) Product of prime factors is $2^3 \times 3^3 \times 7^3$. Cube root is 42

Summary Exercise 2.8

1 (a) 226, no   (c) 1434, yes   (e) 231, no
  (b) 234, yes   (d) 132, yes   (f) 9000, yes

2 (i) 9000   (ii) 234, 9000   (iii) 231

3 (a) 1, 2, 4, 8, 16, 32, 64
  (b) 1, 2, 3, 4, 6, 8, 12, 24
  (c) 1, 2, 3, 4, 5, 6, 10, 12, 15, 20, 25, 30, 50, 60, 75, 100, 150, 300

4 (a) 7   (c) 32   (e) 4
  (b) 4   (d) 4 or 25   (f) 10

5 (a) $2^4 \times 3$ (b) $2^2 \times 7^2$ (c) $3^2 \times 5 \times 7$

6 (a) 108   (b) 200   (c) 300

7 4

8 168

9 The seventh triangular number will have a value of 28

```
•     •       •         •
 • •   • •     • •
  • • •   • • •
           • • • •
```

10 (a) 1368   (b) 540   (c) 30   (d) 56

Activity: The number game

Practical

1 2
2 6
3 49
4 73
5 7

6 96
7 55 or 66
8 6 or 12
9 31
10 36

3 Written calculations

This chapter provides useful revision of basic arithmetic, with exercises that can be done at any time. Decimals are treated as part of the sequence of numbers rather than as a separate topic.

Exercise 3.1

1. 2559
2. 2064
3. 13 661
4. 4746
5. 439.55
6. 86.34
7. 11 336
8. 548
9. 857
10. 17 752

11. 31.68
12. 10.8
13. 342.4
14. 0.204
15. 36.588
16. 262.5
17. 16.09
18. 326.25
19. 37.88
20. 1125.375

21. 4 children are left behind.
22. 4 cakes
23. 40 chairs, 42 on the rest
24. 23 in each of the top two classes

Exercise 3.2

1. 480
2. 140
3. 12 800
4. 107
5. 2700
6. 78
7. 11 700
8. 99
9. 6300
10. 590

11 91.8
12 1.07
13 19 600
14 1.37
15 284.4

16 0.038
17 44 940
18 0.0428
19 4113
20 0.000 675

Exercise 3.3

1 0.28
2 4
3 0.4
4 80
5 0.84

6 0.02
7 0.0605
8 700
9 1.8
10 30 000

11 1.86
12 1.75
13 0.008
14 0.7
15 22.5

16 900
17 0.0028
18 0.004
19 5.463
20 0.002

Exercise 3.4

1 840
2 2412
3 1215
4 8802
5 11 904

6 2125
7 32 344
8 239 400
9 359 283
10 679 848

11 18.72
12 3.6
13 0.546
14 41.48
15 189.84

16 1.1128
17 0.4368
18 0.728
19 0.038 52
20 6.048

21 864 packets of crisps
22 14 952 pages
23 £20 000

24 14 400 seconds
25 204 pounds

Exercise 3.5

1. 38
2. 29
3. 45
4. 21
5. 23
6. 77 r 22
7. 102 r 12
8. 193 r 12
9. 110 r 2
10. 223 r 33
11. 45
12. 14
13. 1.4
14. 24
15. 2.6
16. 1.26
17. 1.45
18. 1.35
19. 156
20. 12.6
21. 17 chocolates
22. £34
23. 13 minutes
24. £0.75
25. 20 sheets; 20 left over

Exercise 3.6

1. 12p
2. £0.25
3. 224 ounces
4. 574 house points
5. 140 people
6. 15 children in each group
7. 64 m of string
8. 56 balls (round up)
9. £132
10. 12 750 minutes; 212.5 hours
11. 125 g; 4500 g
12. 25 weeks
13. 1545 g
14. (a) £318
    (b) 15
15. £3224

Extension Exercise 3.7

1. 2
2. 5
3. 4
4. 3
5. 8
6. 7
7. 4
8. 68
9. 17
10. 32

Summary Exercise 3.8

1. (a) 485 (b) 613 (c) 168 (d) 58
2. (a) 720 000 (b) 70 (c) 13 200 000 (d) 800
3. (a) 578.748 (b) 0.288 (c) 9.59 (d) 0.85
4. (a) 0.28 (b) 0.29 (c) 0.24 (d) 2.85
5. (a) 0.48 (b) 0.252 (c) 50 (d) 1.45
6. (a) 3335 (b) 56 (c) 72 662 (d) 17.5
7. 563 potatoes
8. €35
9. roughly 936 words
10. £1872

Activity: Babylonian numbers

This is just a taster of the interesting topic of the cuneiform numbers, and other number bases. There is plenty of opportunity here for further research and some cross-curricular work with history, geography and classics. Recent discoveries from Ancient Babylon include a description on an ark to carry animals in the event of a flood, much research into ancient measurements can be done here!

1. (a) 4 (d) 63
   (b) 14 (e) 126
   (c) 59 (f) 83

2. (a) 6 (d) 64

   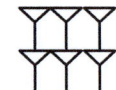 

   (b) 26 (e) 75

   (c) 56 (f) 92

(g) 127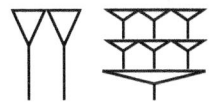

3 (a) 184
 (b) 344
 (c) 179

4 (a) 306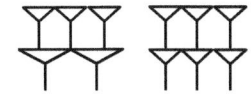

 (b) 2472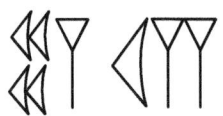

 (c) 2364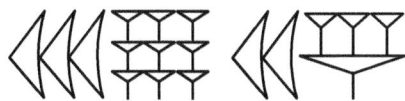

 (d) 1317

5 (a) 3812
 (b) 8696

6 (a) 3666

 (b) 7297

(h) 142

(d) 1292
(e) 359
(f) 3296

(e) 3216

(f) 2781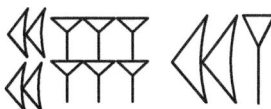

(g) 1204

(h) 3599

(c) 374 570
(d) 10 409

(c) 4876

(d) 5999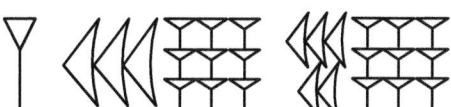

7 Time, 60 seconds in a minute, 60 minutes in an hour.

Measurement and the metric system

Exercise 4.1

1. (a) 0.25 m
   (b) 0.48 m
   (c) 5300 m
   (d) 2.58 m

2. (a) 25 000 g
   (b) 3.750 g
   (c) 625 g
   (d) 3 600 000 g

3. (a) 0.220 l
   (b) 3.634 l
   (c) 0.028 l
   (d) 0.005 l

4. (a) 2.4 cm
   (b) 270 000 cm
   (c) 3500 cm
   (d) 7 cm

5. (a) 0.35 kg
   (b) 4500 kg
   (c) 0.000 025 kg
   (d) 0.0075 kg

6. (a) 1400 ml
   (b) 350 ml
   (c) 450 ml
   (d) 7 ml

7. (a) 32 mm
   (b) 4500 mm
   (c) 700 mm
   (d) 400 000 mm

8. (a) 3200 mg
   (b) 5500 mg
   (c) 165 000 mg
   (d) 60 000 mg

9. (a) 0.0035 km
   (b) 4.050 km
   (c) 3.2 km

Exercise 4.2

1. 1178.5 cm
2. 5200.375 g
3. 632.75 m
4. 3 l

20

5   250 m
6   475 000 g
7   9 metres
8   0.9 kg (or 900 g)
9   16
10 43.88 centimetres
11 1450 g or 1.45 kg
12 125 ml

Exercise 4.3

Pupils may need some revision of basic fractions. These are covered in the next chapter.

1 (a) 24 in   (c) 36 in
   (b) 6 in   (d) 18 in

2 (a) 6 ft   (c) $\frac{3}{4}$ ft
   (b) 2 ft   (d) $2\frac{1}{4}$ ft

3 (a) 2 yd   (c) $\frac{1}{3}$ yd
   (b) 4 yd   (d) 220 yd

4 (a) $\frac{1}{2}$ mile   (c) $1\frac{1}{2}$ mile
   (b) $\frac{1}{16}$ mile   (d) 3 miles

5 (a) 64 oz   (c) 8 oz
   (b) 40 oz   (d) 35 840 oz

6 (a) $\frac{1}{4}$ lb   (c) 280 lb
   (b) $1\frac{1}{2}$ lb   (d) 35 lb

7 (a) $\frac{1}{2}$ stone   (c) 16 stone
   (b) 6 stone   (d) 2 stone

8 (a) 4 pints   (c) 40 pints
   (b) 4 pints   (d) $\frac{1}{2}$ pint

9 (a) $\frac{1}{2}$ quart   (c) 12 quarts
   (b) $2\frac{1}{2}$ quarts (d) 2 quarts

10 (a) $7\frac{1}{2}$ gallons (c) $\frac{1}{4}$ gallon
   (b) $\frac{1}{4}$ gallon   (d) $\frac{1}{8}$ gallon

11 (a) 20 oz (b) $1\frac{1}{4}$ lb

12 (a) 63 inches (b) $5\frac{1}{4}$ feet

13 (a) 22 pints (b) $2\frac{3}{4}$ gallons

14 (a) $1\frac{1}{4}$ lb (b) 224 gallons

Exercise 4.4

Practical

Exercise 4.5

1 (a) Connie was going shopping for her mother. She walked 3.2 km into the village. Connie bought 0.9 kg of potatoes and 225 g of mushrooms.

  (b) Connie walked 90 m down the road to the Haberdashers shop. Connie then bought 270 cm (2.7 m) of blue ribbon and 1.5 m of knicker elastic.

  (c) Connie was tired and the shopping was heavy and so she stopped at the sweet shop and bought 100 g (112.5 g) of wine gums.

2 (a) Digby bicycled 2.5 miles to the shops where he bought a 4.4 lb weight and 6 weights of 10 oz (10 oz) (10.6 oz).

  (b) Digby also bought 650 feet of fishing twine and 1 foot 8 inches of string.

  (c) Digby was thirsty and so he also bought a pint (0.875 pints) bottle of water.

3 Check pupils' own stories.

Summary Exercise 4.6

1 (a) 1.3 g = 1300 mg (c) 7.2 km = 7200 m
  (b) 53 mm = 0.053 m (d) 0.072 ml = 0.000 072 l

2 (a) 903.6 cm (c) 625 ml
  (b) 4256.765 kg (d) 0.0012 kg

3 250 ml

4 2100.45 g

5 550 m

6 (a) 5 lb = 80 oz
   (b) 3 quarts = 6 pt
   (c) 2 tons = 4480 lb
   (d) 15 in = $1\frac{1}{4}$ ft
   (e) 4 yards = 144 in
   (f) $1\frac{1}{2}$ gallons = 12 pt

7 (a) 28 pt
   (b) 11 lb

8 (a) (i) 1.35 kg   (ii) 3 l   (iii) 3 m
   (b) (i) 8.8 lb   (ii) $8\frac{3}{4}$ pt   (iii) 150 miles

Activity: Design a poster

Practical

A good opportunity for classroom display.

5 Fractions

Exercise 5.1

1. (a) $\frac{3}{4}=\frac{9}{12}$ (b) $\frac{2}{7}=\frac{4}{14}$ (c) $\frac{4}{9}=\frac{12}{27}$ (d) $\frac{5}{6}=\frac{15}{18}$

2. (a) $\frac{5}{6}$ (b) $\frac{5}{6}$ (c) $\frac{1}{6}$ (d) $\frac{1}{4}$ (e) $\frac{3}{5}$

3. Check the pupils' drawings represent the following fractions.
   (a) $\frac{7}{30}$ (b) $\frac{4}{15}$ (c) $\frac{5}{6}$ (d) $\frac{1}{10}$

4. (a) $\frac{1}{2}$ (c) $\frac{2}{15}$ (e) $\frac{7}{100}$ (g) $\frac{5}{16}$
   (b) $\frac{2}{5}$ (d) $\frac{7}{20}$ (f) $\frac{9}{25}$ (h) $\frac{3}{8}$

5. (a) $\frac{3}{8}=\frac{15}{40}$ and $\frac{2}{5}=\frac{16}{40}$ (b) $\frac{2}{5}$ is larger

6. (a) $\frac{3}{8}<\frac{5}{8}$ (c) $\frac{5}{6}<\frac{7}{8}$ (e) $\frac{4}{9}>\frac{3}{7}$
   (b) $\frac{3}{4}>\frac{2}{3}$ (d) $\frac{3}{7}>\frac{5}{12}$ (f) $\frac{3}{5}>\frac{5}{9}$

7. $\frac{1}{16}$ 8. $\frac{1}{5}$ 9. $\frac{4}{15}$ 10. $\frac{13}{48}$

Exercise 5.2

1. (a) $\frac{8}{5}$ (d) $\frac{27}{4}$ (g) $\frac{47}{7}$ (j) $\frac{67}{12}$
   (b) $\frac{18}{7}$ (e) $\frac{59}{9}$ (h) $\frac{41}{7}$ (k) $\frac{58}{9}$
   (c) $\frac{45}{11}$ (f) $\frac{59}{8}$ (i) $\frac{47}{11}$ (l) $\frac{77}{9}$

2. (a) $6\frac{1}{2}$ (d) $7\frac{1}{5}$ (g) $4\frac{3}{4}$ (j) $8\frac{2}{7}$
   (b) $3\frac{2}{3}$ (e) $2\frac{3}{5}$ (h) $3\frac{9}{10}$ (k) $11\frac{3}{8}$
   (c) $3\frac{1}{7}$ (f) 5 (i) $6\frac{2}{5}$ (l) $11\frac{4}{11}$

24

Exercise 5.3

1. $\frac{13}{20}$
2. $\frac{26}{35}$
3. $\frac{13}{15}$
4. $1\frac{13}{30}$
5. $\frac{26}{45}$
6. $\frac{27}{40}$
7. $1\frac{7}{12}$
8. $1\frac{2}{15}$
9. $\frac{19}{24}$
10. $1\frac{3}{28}$
11. $4\frac{13}{15}$
12. $5\frac{26}{35}$
13. $5\frac{21}{40}$
14. $9\frac{16}{45}$
15. $8\frac{7}{16}$
16. $4\frac{14}{15}$
17. $10\frac{1}{24}$
18. $6\frac{37}{40}$
19. $8\frac{3}{4}$
20. $7\frac{5}{12}$

Exercise 5.4

1. $\frac{2}{15}$
2. $\frac{5}{12}$
3. $\frac{23}{42}$
4. $\frac{1}{24}$
5. $\frac{1}{6}$
6. $\frac{23}{60}$
7. $\frac{9}{40}$
8. $\frac{3}{28}$
9. $\frac{1}{24}$
10. $\frac{1}{10}$
11. $3\frac{8}{21}$
12. $3\frac{7}{15}$
13. $3\frac{8}{45}$
14. $4\frac{1}{9}$
15. $1\frac{9}{28}$
16. $4\frac{4}{9}$
17. $3\frac{1}{12}$
18. $4\frac{5}{24}$
19. $1\frac{2}{15}$
20. $3\frac{5}{24}$
21. $\frac{8}{15}$
22. $1\frac{7}{8}$
23. $2\frac{22}{35}$
24. $\frac{7}{10}$
25. $\frac{11}{24}$
26. $1\frac{13}{21}$
27. $\frac{5}{12}$
28. $1\frac{5}{18}$
29. $\frac{15}{28}$
30. $3\frac{13}{24}$

Exercise 5.5

1. 4
2. 5
3. 13
4. 14
5. 20.25 or $20\frac{1}{4}$
6. 9.25 or $9\frac{1}{4}$
7. 36
8. 48
9. 60 cm
10. 40 minutes
11. 750 grams
12. 1 km and 875 m
13. 180
14. 75
15. 15
16. 49
17. 187
18. 84
19. 56
20. 45

Exercise 5.6

1. $\frac{3}{5}$
2. $\frac{3}{4}$
3. $\frac{3}{8}$
4. $\frac{4}{21}$
5. $\frac{8}{9}$
6. $\frac{1}{4}$
7. $\frac{160}{189}$
8. $\frac{8}{11}$
9. $\frac{1}{5}$
10. $\frac{231}{1024}$
11. $5\frac{1}{4}$
12. $7\frac{4}{5}$
13. 2
14. $8\frac{1}{3}$
15. $9\frac{8}{15}$
16. $7\frac{7}{12}$
17. 35
18. $78\frac{3}{4}$
19. $139\frac{1}{2}$
20. 35
21. $4\frac{2}{3}$
22. $10\frac{5}{12}$
23. 16
24. $36\frac{9}{14}$
25. $73\frac{7}{15}$
26. 20

Exercise 5.7

1. 18
2. $16\frac{2}{3}$
3. $4\frac{4}{5}$
4. $1\frac{1}{3}$
5. $1\frac{1}{20}$
6. $1\frac{1}{2}$
7. $1\frac{4}{5}$
8. $1\frac{1}{4}$
9. $\frac{1}{6}$
10. $2\frac{2}{7}$
11. $1\frac{1}{5}$
12. $1\frac{11}{17}$
13. $2\frac{2}{5}$
14. $2\frac{5}{8}$
15. $3\frac{6}{7}$
16. 3
17. 3
18. 3
19. $3\frac{1}{15}$
20. $2\frac{2}{9}$

Exercise 5.8

1. $\frac{17}{24}$
2. $\frac{7}{12}$
3. $1\frac{5}{8}$
4. $\frac{7}{16}$
5. $\frac{1}{12}$
6. 1
7. $\frac{1}{4}$
8. $1\frac{11}{21}$
9. $1\frac{17}{21}$
10. $\frac{7}{16}$

Exercise 5.9

1. $\frac{1}{6}$
2. My friend
3. $\frac{1}{7}$
4. $2\frac{2}{3}$ metres
5. $\frac{7}{20}$
6. $4\frac{17}{40}$
7. £1.20
8. $2\frac{1}{4}$ m
9. $5\frac{1}{8}$ metres
10. One quarter

Extension Exercise 5.10

1 $\frac{5}{7}$

2 $4\frac{17}{70}$

3 $4\frac{1}{15}$

4 $1\frac{1}{5}$

5 $1\frac{3}{4}$

6 $3\frac{5}{19}$

7 1

8 (a) $2\frac{83}{140}$

    (b) He will not have one; the sum never quite gets to 2

Summary Exercise 5.11

1 (a) $\frac{3}{20}$ (b) $\frac{1}{12}$

2 (a) $\frac{3}{5} < \frac{2}{3}$ (b) $\frac{11}{24} < \frac{17}{36}$

3 (a) $1\frac{7}{12}$ (b) $6\frac{11}{35}$

4 (a) $\frac{9}{40}$ (b) $2\frac{1}{24}$

5 50

6 1125 grams

7 (a) $\frac{3}{8}$ (b) 3

8 (a) $\frac{1}{6}$ (b) $3\frac{3}{8}$

9 $\frac{19}{28}$ They were asked for the fraction, not the length.

10 (a) $23\frac{3}{4}$ (b) $\frac{45}{64}$

Activity: Egyptian fractions

Other answers are possible.

$\frac{13}{25} = \frac{1}{2} + \frac{1}{50}$

$\frac{8}{9} = \frac{1}{2} + \frac{1}{4} + \frac{1}{8} + \frac{1}{72}$

$\frac{7}{15} = \frac{1}{3} + \frac{1}{8} + \frac{1}{120}$

$\frac{23}{100} = \frac{1}{5} + \frac{1}{50} + \frac{1}{100}$

6 Probability

Many questions about probability concern packs of cards and games with dice. Your pupils may not be familiar with such games, so a warm-up session with some games can be a popular and useful starter.

For more able pupils a discussion of the stock market and some running of a 'virtual' portfolio can be very educational.

Exercise 6.1

1. Check pupils' answers for:
   (a) an event that is impossible
   (b) an event that is possible
   (c) an event that has an even chance of happening
   (d) an event that is probable
   (e) an event that is certain.

2. Check pupils' answers for:
   (a) a random event
   (b) an event that has an even chance of happening
   (c) fair tests.

3. (a) Check pupils' answers.
   (b) 25% or equivalent

4. (a) Check pupils' answers.
   (b) 0.9 or equivalent

5. (a) Thursday
   (b) Even chance on Tuesday
   (c) Possible on Wednesday

6. Check pupils' answers; B should be an even chance.

Exercise 6.2

1. (a) $\frac{1}{2}$ (b) $\frac{1}{6}$ (c) $\frac{1}{3}$ (d) $\frac{5}{6}$ (e) $\frac{2}{3}$

2. (a) $\frac{1}{4}$ (c) $\frac{3}{13}$ (e) $\frac{1}{2}$
   (b) $\frac{1}{13}$ (d) $\frac{1}{26}$ (f) $\frac{12}{13}$

3. (a) $\frac{4}{11}$ (b) $\frac{7}{11}$

4. (a) $\frac{1}{8}$ (c) $\frac{1}{2}$ (e) $\frac{1}{4}$
   (b) $\frac{1}{2}$ (d) $\frac{1}{4}$ (f) $\frac{3}{8}$

5. (a) $\frac{1}{5}$ (b) $\frac{2}{5}$ (c) $\frac{3}{5}$ (d) $\frac{2}{5}$

6. (a) $\frac{1}{5}$ (b) $\frac{3}{5}$ (c) $\frac{2}{5}$

7. (a) $\frac{1}{2}$ (c) $\frac{3}{5}$ (e) $\frac{9}{10}$ (g) $\frac{3}{4}$
   (b) $\frac{2}{5}$ (d) $\frac{7}{10}$ (f) $\frac{17}{20}$

8. (a) $\frac{1}{2}$ (c) $\frac{3}{8}$ (e) $\frac{1}{4}$
   (b) $\frac{1}{2}$ (d) $\frac{1}{2}$ (f) 1

9. (a) $\frac{1}{5}$ (b) $\frac{3}{10}$ (c) $\frac{4}{5}$ (d) $\frac{7}{20}$
   (e) $\frac{3}{20}$ Brown is not a rainbow colour.

Exercise 6.3

1. (a) (i) $\frac{5}{19}$ (ii) $\frac{3}{19}$
   (b) 17

2. (a) (i) $\frac{3}{13}$ (ii) $\frac{11}{26}$ (iii) $\frac{15}{26}$
   (b) (i) $\frac{1}{5}$ (ii) $\frac{9}{25}$ (iii) $\frac{16}{25}$
   (c) 4 socks

3. (a) $\frac{1}{5}$ (b) 401 tickets (c) $\frac{60}{150} = \frac{2}{5}$

4. (a) $\frac{2}{13}$ (b) $\frac{3}{26}$ (c) $\frac{2}{13}$

5 (a) $\frac{3}{46}$ (b) $\frac{2}{45}$

6 (a) (i) $\frac{1}{6}$ (ii) $\frac{1}{6}$ (iii) 1 (iv) $\frac{1}{6}$

(b) If she had rolled a 3 the first time, answers (i) and (ii) would have remained the same, but answer (iii) would have changed to $\frac{2}{3}$. If she had rolled a 1 the first time, answers (i) and (ii) would have remained the same, but answer (iii) would have changed to $\frac{1}{3}$ and answer (iv) would have been 0.

(c) She cannot be sure of getting another 5

7 (a) $\frac{3}{7}$ (b) 5 tins

8 (a) (i) $\frac{1}{19}$ (ii) $\frac{13}{19}$ (iii) $\frac{8}{19}$

(b) (i) $\frac{1}{6}$ (ii) $\frac{2}{3}$ (iii) $\frac{4}{9}$

Exercise 6.4

1

		First die					
		1	2	3	4	5	6
Second die	1	(1, 1)	(2, 1)	(3, 1)	(4, 1)	(5, 1)	(6, 1)
	2	(1, 2)	(2, 2)	(3, 2)	(4, 2)	(5, 2)	(6, 2)
	3	(1, 3)	(2, 3)	(3, 3)	(4, 3)	(5, 3)	(6, 3)
	4	(1, 4)	(2, 4)	(3, 4)	(4, 4)	(5, 4)	(6, 4)
	5	(1, 5)	(2, 5)	(3, 5)	(4, 5)	(5, 5)	(6, 5)
	6	(1, 6)	(2, 6)	(3, 6)	(4, 6)	(5, 6)	(6, 6)

(a) $\frac{1}{36}$ (b) $\frac{1}{6}$ (c) $\frac{1}{6}$ (d) $\frac{1}{12}$ (e) $\frac{21}{36} = \frac{7}{12}$ (f) $\frac{30}{36} = \frac{5}{6}$ (g) $\frac{11}{36}$

2

		Coloured die					
		B	B	B	R	R	Y
Numbered die	1	(B, 1)	(B, 1)	(B, 1)	(R, 1)	(R, 1)	(Y, 1)
	2	(B, 2)	(B, 2)	(B, 2)	(R, 2)	(R, 2)	(Y, 2)
	3	(B, 3)	(B, 3)	(B, 3)	(R, 3)	(R, 3)	(Y, 3)
	4	(B, 4)	(B, 4)	(B, 4)	(R, 4)	(R, 4)	(Y, 4)
	5	(B, 5)	(B, 5)	(B, 5)	(R, 5)	(R, 5)	(Y, 5)
	6	(B, 6)	(B, 6)	(B, 6)	(R, 6)	(R, 6)	(Y, 6)

(a) $\frac{1}{12}$ (b) $\frac{1}{36}$ (c) $\frac{1}{3}$ (d) $\frac{1}{6}$

3

	4-sided spinner			
	y	r	g	b
A	(y, A)	(r, A)	(g, A)	(b, A)
B	(y, B)	(r, B)	(g, B)	(b, B)
C	(y, C)	(r, C)	(g, C)	(b, C)
D	(y, D)	(r, D)	(g, D)	(b, D)
E	(y, E)	(r, E)	(g, E)	(b, E)

(5-sided spinner on rows)

(a) $\frac{1}{4}$ (b) $\frac{1}{20}$

4 (a)

	First die					
	1	2	3	4	5	6
1	(1, 1)	(2, 1)	(3, 1)	(4, 1)	(5, 1)	(6, 1)
1	(1, 1)	(2, 1)	(3, 1)	(4, 1)	(5, 1)	(6, 1)
2	(1, 2)	(2, 2)	(3, 2)	(4, 2)	(5, 2)	(6, 2)
2	(1, 2)	(2, 2)	(3, 2)	(4, 2)	(5, 2)	(6, 2)
3	(1, 3)	(2, 3)	(3, 3)	(4, 3)	(5, 3)	(6, 3)
4	(1, 4)	(2, 4)	(3, 4)	(4, 4)	(5, 4)	(6, 4)

(Second die on rows)

(b) (i) $\frac{1}{18}$ (iii) 0   (v) $\frac{7}{36}$

(ii) $\frac{1}{6}$ (iv) $\frac{1}{6}$ (vi) $\frac{1}{12}$

Extension Exercise 6.5

1 (a) (i) $\frac{1}{8}$ (ii) $\frac{1}{4}$ (iii) $\frac{1}{2}$

(b) $\frac{3}{8}$

2 (a) (i) $\frac{1}{5}$ (ii) $\frac{2}{5}$ (iii) $\frac{3}{5}$

(b) (i) $\frac{1}{4}$ (ii) $\frac{5}{12}$ (iii) $\frac{7}{12}$

(c) Spinning A twice $\frac{8}{25}$ (0.32), spinning B twice $\frac{49}{144}$ (0.34), spinning A and B together $\frac{1}{3}$ (0.33)
Therefore spin B twice because $\frac{49}{144} > \frac{1}{3} > \frac{8}{25}$

3 (a) (i) $\frac{18}{100} = \frac{9}{50}$ about $\frac{1}{5}$ (iii) $\frac{31}{100}$ about $\frac{3}{10}$

(ii) $\frac{69}{100}$ about $\frac{7}{10}$ (iv) $\frac{13}{100}$ about $\frac{1}{10}$

(b) Not exactly the same but if the tests are 'fair' then the results would be approximately the same.

(c)

		Die					
		1	2	3	4	5	6
Move	Stay (S)	(1, S)	(2, S)	(3, S)	(4, S)	(5, S)	(6, S)
	Right (R)	(1, R)	(2, R)	(3, R)	(4, R)	(5, R)	(6, R)
	Left (L)	(1, L)	(2, L)	(3, L)	(4, L)	(5, L)	(6, L)
	Forward (F)	(1, F)	(2, F)	(3, F)	(4, F)	(5, F)	(6, F)
	Back (B)	(1, B)	(2, B)	(3, B)	(4, B)	(5, B)	(6, B)

(d) No, because the probabilities of S, R, L, F and B are not equal.

Probability is $\frac{1}{6} \times \frac{8}{100} \to \frac{1}{75}$ approximately.

Summary Exercise 6.6

1 Check pupils' answers.

2 (a) $\frac{4}{11}$ (b) $\frac{7}{11}$ (c) $\frac{1}{11}$ (d) $\frac{3}{11}$

3 (a) $\frac{1}{13}$ (c) $\frac{3}{26}$ (e) $\frac{1}{4}$
  (b) $\frac{5}{13}$ (d) $\frac{1}{13}$ (f) $\frac{4}{13}$

4 (a) $\frac{1}{6}$ (b) $\frac{1}{2}$ (c) $\frac{5}{6}$

5

		Dice					
		1	2	3	4	5	6
Coin	H	(1, H)	(2, H)	(3, H)	(4, H)	(5, H)	(6, H)
	T	(1, T)	(2, T)	(3, T)	(4, T)	(5, T)	(6, T)

(a) $\frac{1}{4}$ (b) $\frac{1}{6}$ (c) $\frac{1}{2}$ (d) 0

6 (a)

		First die					
		1	1	2	2	3	3
Second die	1	(1, 1)	(1, 1)	(2, 1)	(2, 1)	(3, 1)	(3, 1)
	1	(1, 1)	(1, 1)	(2, 1)	(2, 1)	(3, 1)	(3, 1)
	2	(1, 2)	(1, 2)	(2, 2)	(2, 2)	(3, 2)	(3, 2)
	2	(1, 2)	(1, 2)	(2, 2)	(2, 2)	(3, 2)	(3, 2)
	2	(1, 2)	(1, 2)	(2, 2)	(2, 2)	(3, 2)	(3, 2)
	3	(1, 3)	(1, 3)	(2, 3)	(2, 3)	(3, 3)	(3, 3)

(b) $\frac{1}{3}$ (d) $\frac{10}{36} = \frac{5}{18}$ (f) 4

(c) $\frac{1}{3}$ (e) 2, 3, 4, 5, 6

7 (a) $\frac{1}{7}$ (b) $\frac{2}{7}$ (c) $\frac{1}{12}$ (d) $\frac{4}{12} = \frac{1}{3}$

Activity: Design a board game

A good way to introduce this project would be to play some different games, using dice, spinners and cards, or even model animals.

6 Probability

7 Algebra 1: Expressions and formulae

There is much new work here, so a check of pupils' understanding of the basic concepts is essential.

Exercise 7.1

1. $3a$
2. $5x$
3. $2m$
4. $2p + 2q$
5. $7y$
6. $\frac{-a}{10}$
7. $\frac{d}{2}$
8. $2x$
9. $2a + 10$
10. $-2c$
11. $6ab$
12. $4q - 2p$
13. $2m - n$
14. $20xy$
15. $\frac{4x}{y}$
16. $6a + 2b$
17. $-2m - 1$
18. $\frac{3m}{n}$
19. $10pq$
20. $6a$

Exercise 7.2

1. (a) x^2 (b) $2x$ (c) $2x$ (d) $4x$
2. (a) $3x$ (b) $3x$ (c) x^3 (d) $9x$
3. (a) $4x$ (b) x^4 (c) $4x^2$
4. (a) ax (b) ax^2 (c) a^2x (d) a^2x^2
5. (a) b^2 (b) $2b^2$ (c) $2ab$ (d) a^2b^2
6. (a) $xy + x$ (b) $xy + x^2$ (c) $2xy$ (d) $3x^2$
7. (a) $2ab + a^2$ (b) $3a^2$
8. (a) $2ab + ab^2$ (b) $5ab$

34

9 (a) $stu + st^2$ (b) st^2

10 (a) $2x^2y$ (b) $3x^2y - xy^2$

Exercise 7.3

1 a^6
2 $6a^6$
3 $3b + b^2 + 2b^3$
4 $6b^2$
5 $6a^4b^4$
6 $8x^2y$
7 $3xy + x^2y$
8 $4xy + x^2y - xy^2$
9 $12a^3b^2c^2$
10 $2bc + a^2b + 4ac$

Exercise 7.4

1 $3ab$
2 $2ab$
3 $\dfrac{ab}{2}$
4 $6b$
5 $6a$
6 $\dfrac{b}{2}$
7 $2a$
8 6
9 1
10 $\dfrac{2}{5}$
11 $\dfrac{xy}{2}$
12 $2p$
13 $\dfrac{2n}{3}$
14 $\dfrac{a}{2}$
15 $\dfrac{2m}{3}$
16 $5x$
17 $2a$
18 $3x$
19 3
20 $\dfrac{4a}{b}$

Exercise 7.5

1 9
2 12
3 36
4 $9b^2$
5 $3a^2$
6 $16x^2$
7 x^4
8 $6b^3$
9 $24b^3$
10 $54b^3$

Exercise 7.6

1 $7x$
2 a^3
3 $2ax$
4 $2xy$
5 $4b^2$
6 0
7 $3a^3$
8 $6y^2$
9 b
10 b
11 $4b$
12 $3a$
13 $\dfrac{3a}{2}$
14 $\dfrac{3a-ab}{6b}$
15 $27b^2$
16 $y - 2x$
17 $11 - 9x$
18 $\dfrac{b}{-b}$
19 $18ab^2c$
20 $3c$

Exercise 7.7

1 −10
2 −3
3 −14
4 −8
5 −5
6 4
7 −8
8 0
9 −4
10 3
11 −15
12 −4
13 −18
14 −21
15 22
16 −9
17 −15
18 2
19 −11
20 −5

Exercise 7.8

1 12
2 −3
3 32
4 −5
5 15
6 3
7 24
8 −8
9 −20
10 −8
11 54
12 −6
13 −24
14 −12
15 −75
16 −21
17 −51
18 9
19 −120
20 −13

Exercise 7.9

1 −16
2 3
3 −9
4 −7
5 1
6 −7
7 3
8 6
9 18
10 −5
11 4
12 −13
13 8
14 0
15 −9
16 −6
17 −5
18 −27
19 −14
20 1

Exercise 7.10

1 (a) 2   (b) 8   (c) 10   (d) 7
2 (a) −6   (b) 9   (c) 18   (d) 36
3 (a) 8   (b) 25   (c) 26   (d) 20
4 (a) 0   (b) 0   (c) 4   (d) 15
5 (a) 3   (b) 1   (c) 8   (d) 2
6 (a) 6   (b) −2   (c) −8   (d) −2

7 (a) 1 (b) 13 (c) 0 (d) ⁻6
8 (a) 13 (b) $-1\frac{4}{5}$ (c) 16 (d) 0
9 (a) 0 (b) ⁻128 (c) ⁻4
10 (a) 0 (b) 30 (c) 14
11 (a) 0.9 (b) 27.9 (c) 15.75
12 (a) 150 (b) 7.5 (c) ⁻100

Exercise 7.11

1 (a) 16 (c) 4 (e) 15
  (b) 300 (d) 2

2 (a) 10 (c) 0.3 (e) 10
  (b) 4000 (d) 5

3 (a) 36 (c) 0.765 (e) $\frac{2}{5}$
  (b) 1400 (d) 1

4 (a) 164 (c) 5
  (b) 0 (d) 12 or ⁻12

Exercise 7.12

1 $S = x + y$
2 $L = s - t$
3 $C = mn$
4 $b = 24 - g - s$
5 (a) $c = xy$
  (b) $C = \frac{xy}{100}$
6 $T = \frac{160-(a+b)}{100}$
7 $F = 500 - mp$
8 (a) $C_1 = 150 + 4.5p$
  (b) $C_2 = \frac{150+4.5p}{p}$
9 (a) $P = 2p + q$
  (b) $P = q + 2(24 - p - q) = 48 - 2p - q$
10 $T = 1 + x + xy + xyz$

Exercise 7.13

1 (a) $x = a + b$ (c) $x = b - a$
   (b) $x = a - b$

2 (a) $x = a + b + c$ (c) $x = b - a - c$
   (b) $x = a - b - c$ (d) $x = a + b - c$

3 (a) Area $= gh$
   (b) Perimeter $= 2g + 2h$ or $2(g + h)$

4 (a) $A = 16xy$ (b) $P = 10x + 10y$

5 (a) $A = 5ab$ (b) $P = 6a + 6b$

6 (a) $A = 14ab$ (b) $P = 20a + 6b$

7 (a) $A = 16mn$ (b) $P = 10m + 16n$

8 Check pupils have drawn a shape with an area of $20ab$, and check their formula for its perimeter.

9 Check pupils have drawn a shape with a perimeter of $8a + 10b$, and check their formula for its area.

Extension Exercise 7.14

1 (a) $1\frac{1}{30}$ (c) $\frac{163}{300}$ (e) $\frac{4}{15}$
   (b) $1\frac{7}{30}$ (d) $9\frac{1}{36}$ (f) $\frac{3}{20}$

2 (a) $\frac{43}{150}$ (c) $2\frac{7}{9}$ (e) $1\frac{21}{55}$
   (b) $\frac{9}{40}$ (d) $\frac{5}{38}$ (f) $\frac{19}{30}$

3 (a) 0.5   (c) 0.064   (e) 5
   (b) 0.89   (d) 0.32   (f) $\frac{45}{99}$ or $0.4\dot{5}$

Summary Exercise 7.15

1 (a) $3m$ (b) $2a - b$

2 (a) $2b^2$ (b) $2b^6$

3 (a) $3b$ (b) $\frac{y}{6}$ (c) p (d) $8n^2$

4 (a) $9a^2$ (b) $6a^2$

5 (a) 5 (d) 8 (g) 1
  (b) ⁻11 (e) ⁻9 (h) ⁻24
  (c) ⁻7 (f) ⁻24 (i) 2

6 (a) (i) 10 (b) (i) ⁻6
     (ii) 25   (ii) 9
     (iii) 50   (iii) 18
     (iv) 100   (iv) 36

7 (a) ⁻4 (b) 8 (c) ⁻24 (d) 1

8 (a) 100 (b) 1.2 (c) 0.4

9 $N = 2h + 4c$

10 (a) $P = 3a$
   (b) $Q = \frac{3a}{100}$

11 $P = 8a + 12b$

Activity: A number trick

There are three parts to this activity.

The first is being able to multiply by 11, quite a useful achievement in itself.

Then there is the trick, rather long winded but good arithmetic practice.

Thirdly there is showing how it works using simple algebra, which is pleasing to pure mathematicians.

8 More about numbers

Standard index form is covered in this chapter. For many pupils it may not be relevant. However, calculators may give large and small answers in standard index form and therefore pupils need to have an understanding of what this means.

Exercise 8.1

It is important to discuss the significance of 0 before doing this exercise. Pupils need to understand when it is significant and when it is not.

1. (a) 500   (c) 30
   (b) 0.03   (d) 0.003

2. (a) 400   (c) 4
   (b) 0.002   (d) 0.0007

3. (a) 50   (c) no thousands
   (b) no hundredths   (d) 0.0008

4. (a) 70   (c) 400
   (b) 0.00002   (d) 0.0000008

Exercise 8.2

1. (a) 200   (c) 0.05
   (b) 300 000   (d) 0.3

2. (a) 3100   (c) 0.076
   (b) 950   (d) 0.31

3. (a) 25 100   (c) 0.00589
   (b) 3490   (d) 0.460

4 (a) 34 600
  (b) 120 500
  (c) 0.035 47
  (d) 0.3395

5 (a) 2.00
  (b) 25.0
  (c) 1.00
  (d) 100

6 (a) 0.0509
  (b) 305 000
  (c) 0.100
  (d) 55.1

Exercise 8.3

1 (a) (i) 0   (ii) 1   (iii) 3   (iv) 2
  (b) (i) 3   (ii) 2   (iii) 5   (iv) 3

2 (a) (i) 3   (ii) 2   (iii) 6   (iv) 6
  (b) (i) 3   (ii) 2   (iii) 4   (iv) 3

3 (a) (i) 0   (ii) 4   (iii) 3   (iv) 5
  (b) (i) 5   (ii) 5   (iii) 5   (iv) 6

4 (a) (i) 0   (ii) 4   (iii) 3   (iv) 6
  (b) (i) 2   (ii) 3   (iii) 5   (iv) 7

5 (a) 2.398 for example
  (b) 2.0695 for example

Exercise 8.4

1 10^5
2 10^2
3 10^{-2}
4 10^{-4}
5 10^8
6 10^{-9}
7 10^4
8 10^{-3}
9 10^9
10 10^{-5}
11 10^{-1}
12 10^0

Exercise 8.5

1 2×10^5
2 2×10^{-6}
3 3×10^{-1}
4 5×10^{-3}
5 6×10^{-9}
6 4×10^8
7 9×10^{-6}
8 2×10^{-5}
9 2×10^2
10 8×10^{-13}
11 5×10^3
12 3×10^4

Exercise 8.6

1. 700
2. 8 000 000
3. 0.9
4. 500
5. 900 000
6. 30
7. 0.002
8. 70 000 000
9. 0.000 08
10. 0.004
11. 6 000 000
12. 0.02

Exercise 8.7

1. 450
2. 2300
3. 18 200
4. 734 000
5. 0.902
6. 0.0371
7. 0.0041
8. 0.000 672
9. 5450
10. 0.0365

Exercise 8.8

1. 4.2×10^2
2. 1.2×10^4
3. 2.34×10^8
4. 1.02×10^5
5. 3×10^3
6. 5.5×10
7. 6×10^{11}
8. 1.9909×10^4
9. 3.4×10^5
10. 5.06×10^6
11. 3×10^{-3}
12. 4.51×10^{-3}
13. 5.6×10^{-5}
14. 7.05×10^{-7}
15. 1.2×10^{-1}
16. 9.712×10^{-3}
17. 1.0567×10^{-1}
18. 3.05×10^2
19. 6.79×10^7
20. 4.556×10^{-5}

Exercise 8.9

1. 4×10^6 mm
2. 6×10^3 grams
3. 8.64×10^4
4. 5×10^{-6}
5. 5×10^{-6}
6. 4.24×10^{-6}
7. 1.5×10^8 dollars
8. 9×10^{-5}
9. 1.5×10^8
10. 1.5×10^{-11}

11 10 000 000 000 (ten thousand million)

12. 6.694×10^{21} tonnes

13 8.99×10^5

14 0.000 000 000 34 m

Exercise 8.10

1 3125
2 729
3 5
4 7
5 7776
6 59 049
7 65 536
8 7
9 9
10 4

Exercise 8.11

1 (a) 1.2 (to 1 d.p)
   (b) 2.5
   (c) 2.2 (to 1 d.p)
   (d) 13.5

2 (a) 3.32 (to 3 s.f)
   (b) 110
   (c) 11.1 (to 3 s.f)
   (d) 12.1 (to 3 s.f)

3 (a) 6.2
   (b) 6.82 (to 2 d.p)
   (c) 11.49 (to 2 d.p)
   (d) 10.3

4 (a) 8.5 (to 1 d.p)
   (b) 8
   (c) 4.6 (to 1 d.p)
   (d) 12

5 (a) 14
   (b) 23.2 (to 3 s.f)
   (c) 20
   (d) 21.5 (to 3 s.f)

6 (a) 15
   (b) 39.7 (to 3 s.f.)
   (c) 6.70 (to 3 s.f.)
   (d) 6
   (e) 31.6 (to 3 s.f.)
   (f) 30
   (g) 2.4
   (h) 3.6
   (i) 1.97 (to 3 s.f.)

Extension Exercise 8.12

Answers will depend on pupils' initial estimates (and then approximations).

Summary Exercise 8.13

1. (a) 300 (b) 305 (c) 300 (d) 305.0
2. (a) 0.004 (b) 0.004 10 (c) 0.0041 (d) 0.004 098
3. (a) 10^7 (b) 10^{-6}
   (c) one thousand million
4. (a) 1700 (d) 0.000 095 1
   (b) 6 025 000 (e) 810 000
   (c) 0.000 006 3 (f) 0.005 804
5. (a) 5.6×10^7 (d) 3.1205×10^7
   (b) 4×10^{-3} (e) 4.05×10^9
   (c) 2.4×10^{-4} (f) $5.012\,3 \times 10^{-4}$
6. 3.5 millimetres
7. (a) 5×10^6 (b) £500 000
8. (a) 5.02 (to 2 d.p)
   (b) 3.7
   (c) 11.49 (to 2 d.p)
9. (a) 1.79 (to 3 s.f.)
   (b) 1.73 (to 3 s.f)
   (c) 3.5
   (d) 1.2
10. Check pupils' own estimates.

Activity: Calculator games

It takes a bit of time getting into this game but then it is a very good way of emphasising what happens when you multiply and divide by 10, 100, 1000, etc.

9 Perimeter and area

At Levels 1–2 candidates may be examined on finding the circumference or area of a circle with a given radius or diameter. They may also be questioned on parts of a circle.

Pupils may have met the tangram before but it is a useful way of demonstrating that however much you cut and reassemble the pieces the area remains the same. Use the exercise for some classroom displays.

Exercise 9.1

1.

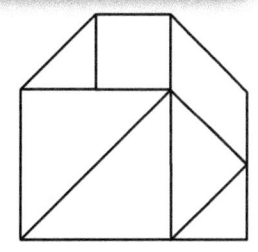

2.

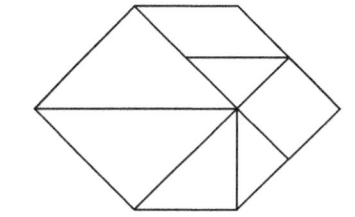

3 Check and display pupils' designs.

4 (a)

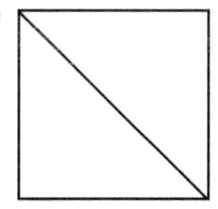

   (b)

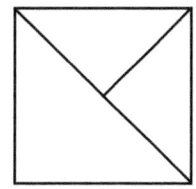

   (c)

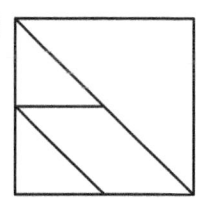

   (d)

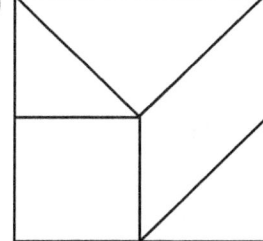

   (e) Impossible

45

5 (a) [diagram] (c) [diagram]

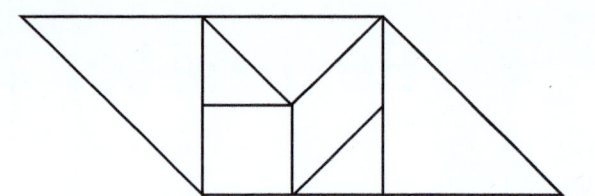

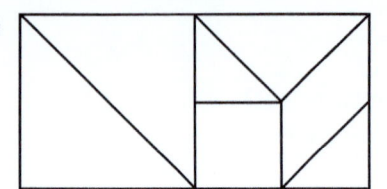

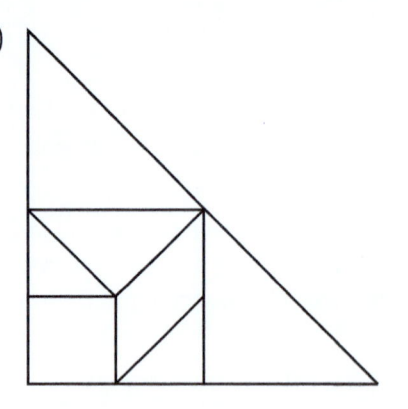

(b) [diagram] (d) [diagram]

Exercise 9.2

1 10
2 10
3 10
4 10
5 10
6 10

Exercise 9.3

1 (a) 26 cm (b) 38 m (c) 48 mm

2 (a) 42.25 cm² (b) 84 m² (c) 104.4 mm²

3 (a) 80 cm² (c) 2600 cm² (e) 14 m²
  (b) 0.72 m² (d) 6 m² (f) 1.56 m²

4 (a) 22.5 cm² (c) 12 cm²
  (b) 175 cm² (d) 27 cm²

5 2.5 cm²

6 (a) 16 m² (b) 416 m²

7 (a) 1.73 cm² (b) 10.38 cm²

8 (a) 8 (b) 12 cm² (c) 4 cm² (d) 3
  (e) Because the four small triangles add up to the area of the square and each of the four larger triangles is one half of the area of the square.

Exercise 9.4

1 (a) 5 cm (b) 4.8 m (c) 1.25 m (d) 30 mm

2 35 cm   3 4 cm   4 4 cm   5 42 mm

6 (a) 2.5 cm (b) 6.25 cm²

7 (a) 4 cm (b) 16 cm

8 6 cm

9 (a) 6 cm (b) 18 cm² (c) 30 cm²

10 16 cm

Exercise 9.5

1 120 cm²   3 10.8 m²   5 8568 cm²   7 48.75 cm²

2 7.2 m²   4 4.62 m²   6 1888 cm²

8 (a) 21 m² (b) 2.5 m (c) 20 m² (d) 41 m²

Exercise 9.6

1 (a) 25 m²   (c) 150 cm²
   (b) 500 mm² (5 cm²)   (d) 3600 cm²

2 (a) 37.5 cm²   (b) 48 cm²

Exercise 9.7

1–3 Practical

4 Pupils should get approximately 3

Exercise 9.8

1 (a) 24.8 cm (c) 31 cm   (e) 37.2 cm
   (b) 62 m   (d) 12.4 m   (f) 155 cm

2 (a) 22 cm   (c) 176 mm   (e) 154 cm
   (b) 66 m   (d) 88 m   (f) 8.8 m

3 (a) 10.1 cm (c) 96.8 mm (e) 4.40 km
   (b) 29.5 m   (d) 1.41 m   (f) 471 cm

Exercise 9.9

1, 2, 3 Practical

4 All the results should be approximately 3

Exercise 9.10

1 (a) 616 cm² (b) 38.5 m² (c) 6.16 cm²

2 (a) 77.5 cm² (b) 310 m² (c) 111.6 mm²

3 (a) 9.62 cm² (c) 1060 mm² (e) 1590 m²
  (b) 51.5 m² (d) 707 cm² (f) 177 cm²

Exercise 9.11

1 40 100 km
2 8.80 m
3 18.8 cm
4 50.3 cm²
5 113 cm², 37.7 cm
6 38.5 cm²
7 264 cm
8 (a) 7.07 m²
  (b) 9.42 m
9 113 cm
10 20
11 5.36 cm²
12 211 cm²

Extension Exercise 9.12

1 (a) 100 (d) 0.0001
  (b) 1 000 000 (e) 0.000 001
  (c) 1 000 000 (f) 0.000 001

2 (a) 160 000 cm² (b) 0.000 016 cm²

3 (a) 7 500 000 mm² (b) 75 000 cm²

4 (a) 12 000 cm² (b) 1.2 m²

5 10 cm
6 100 metres
7 2000 m
8 5 cm

9 (a) 36 000 m² (c) 96 hectares
  (b) 570 hectares

10 The areas are both 0.54 km²

Extension Exercise 9.13

1. (a) 157.1 cm²   (b) 981.7 mm²   (c) 19.2 m²
2. (a) 51.4 cm   (b) 128.5 mm   (c) 18.0 m
3. (a) 176.7 cm²   (b) 3.1 m²   (c) 962.1 m²
4. (a) 53.6 cm   (b) 7.1 mm   (c) 125 m
5. (a) area 25.7 cm², perimeter 21.3 cm
   (b) area 75.4 cm², perimeter 37.1 cm
   (c) area 5428.7 mm², perimeter 294.8 mm
   (d) area 163.6 mm², perimeter 63.1 mm
   (e) area 3.4 m², perimeter 8.1 m
   (f) area 17.5 cm², perimeter 17.0 cm

Summary Exercise 9.14

1. Pupils may use slightly different versions of these formulae.
   (a) base × height
   (b) 4 × base or side
   (c) $\frac{h \times (a+b)}{2}$
   (d) $\frac{(a \times b)}{2}$
   (e) $2\pi r$ or πd
   (f) πr^2
2. (a) 80 cm²   (b) 1.5 m²
3. 12 cm
4. (a) (i) 72 m²   (ii) 48 m²
   (b) 120 m²
5. 198 cm
6. 77.5 cm²
7. (a) 31.4 cm   (b) 227 cm²
8. (a) 1.5 cm²   (b) 5041

Activity: Drawing spirals

Spirals in nature can be explored as part of this topic. It is interesting to be able to relate the mathematical to the geometric. This is good preparation for the work on sequences.

10 Percentages

Although pupils have been introduced to percentages before and should be able to recognise their equivalence to fractions and decimals, this is an area where weaker pupils can lack confidence. There is an introduction designed to revise basic skills and then a focus on calculator and non-calculator methods.

Weaker pupils may need to spend more time on revising the basic percentage equivalents.

Exercise 10.1

1 (a) (i) 0.7 (ii) 70%

(b) (i) 1.4 (ii) 140%

(c) (i) 1.6̇ (ii) $166\frac{2}{3}$%

(d) (i) 0.875 (ii) 87.5%

2 (a) (i) 27% (ii) $\frac{27}{100}$

(b) (i) 70% (ii) $\frac{7}{10}$

(c) (i) 65% (ii) $\frac{13}{20}$

(d) (i) 60% (ii) $\frac{3}{5}$

3 (a) (i) 0.4 (ii) $\frac{2}{5}$

(b) (i) 0.55 (ii) $\frac{11}{20}$

(c) (i) 0.84 (ii) $\frac{21}{25}$

(d) (i) 0.24 (ii) $\frac{6}{25}$

4 (a) (i) 0.16 (ii) 16%

(b) (i) 0.45 (ii) 45%

(c) (i) 0.925 (ii) 92.5%

(d) (i) 1.2 (ii) 120%

5 (a) (i) 119% (ii) $1\frac{19}{100}$

(b) (i) 32.5% (ii) $\frac{13}{40}$

(c) (i) 260% (ii) $2\frac{3}{5}$

(d) (i) 77% (ii) $\frac{77}{100}$

6 (a) (i) 0.43 (ii) $\frac{43}{100}$

(b) (i) 0.666… (ii) $\frac{2}{3}$

(c) (i) 0.375 (ii) $\frac{3}{8}$

(d) (i) 1.125 (ii) $1\frac{1}{8}$

Exercise 10.2

1 20 cm
2 £80
3 175 g
4 £600
5 3.2 m

6 £3.20
7 1.4 kg
8 2.8 km
9 £255
10 2.4 m

11 67.5 cm
12 £3.96
13 17.5 g
14 £94.50
15 2.05 m

16 £5.07
17 7.69 to 2 d.p.
18 0.26 km to 2 d.p. or 261 m
19 £288.36
20 0.75 m

Exercise 10.3

1 15 g
2 £75
3 20.00 m
4 96 litres
5 210 grams

6 £5
7 £5
8 0.25 km
9 7.9 kg
10 0.5 litres

Exercise 10.4

Emphasise the importance of reading and answering the question.

1 40%
2 25%
3 62.5%
4 144 boys, 156 girls
5 12
6 69.2%
7 12.5%
8 25%
9 7%
10 £5.76
11 75%
12 8 marks
13 144 000
14 Very accurate
15 You cannot tell because it depends who you asked.

Exercise 10.5

1 132 000
2 18.75 cm
3 262 500
4 25%
5 $33\frac{1}{3}$ %
6 140
7 £23
8 £20
9 £27 300
10 20%

Exercise 10.6

1 (a) $33\frac{1}{3}$ %   (b) 185.7%   (c) 400%   (d) 25%
2 (a) 40%   (b) 4%   (c) 25%   (d) 25%
3 (a) £12   (b) £9.20   (c) £30   (d) £22.50
4 $16\frac{2}{3}$ %, the same
5 £12
6 20%
7 60%
8 (a) £3   (b) £128
9 £26.70
10 £30

11 (a) £7200 (b) £6336 (c) 29.6%

12 (a) £100 (b) £160 (c) 13%. You effectively have £260 less than you might have had.

Extension Exercise 10.7

1 55.5%
2 57.1%
3 45.45%
4 40.91%
5 57.89%
6 70.83%
7 46.67%
8 38.89%
9 70.59%
10 51.51%
11 £2.10
12 75.38 m
13 1.26 kg
14 £730.97
15 1.56 km
16 £6.04
17 £4.37
18 15.79 tonnes
19 7.87 kg
20 0.78 litres

Summary Exercise 10.8

1 (a) $\frac{7}{20}$ (b) $\frac{3}{25}$ (c) $\frac{21}{50}$ (d) $\frac{1}{8}$

2 (a) 0.82 (b) 0.375 (c) 0.875 (d) 0.28

3 (a) 150% (b) 12.5% (c) $33\frac{1}{3}\%$ (d) 85%

4 (a) £3.50
   (b) 70 g
   (c) 960 people
   (d) 225 km
   (e) £350
   (f) 600 miles

5 12
6 70%
7 15
8 40%
9 £29.25
10 150%

11 (a) 70 cm (b) 84 cm (c) 1.68 m

12 66.67% loss

Activity: Tormenting tessellations

Practical activity

This provides excellent material for a display and can be developed further by using suitable software.

11 Ratio and enlargement

Exercise 11.1

1. (a) 4 : 1   (b) 1 : 4   (c) 1 : 2   (d) 2 : 1
2. (a) 3 : 5   (b) 5 : 2   (c) 10 : 7   (d) 2 : 11
3. (a) 7 : 12   (b) 7 : 25   (c) 25 : 7 : 3
4. (a) 2 : 3 = 40 : 60   (b) 21 : 7 = 3 : 1   (c) 5 : 16 : 24
5. (a) 1 : 4   (b) 1 : 1   (c) 1 : 9
6. 2 : 3
7. 5 : 4
8. (a) 1 : 5   (c) 500 ml   (e) 200 ml
   (b) 5 : 1   (d) 600 ml
9. (a) 1 : 4   (b) 1 : 5
10. (a) 1 : 7   (b) 1 : 8

Exercise 11.2

1. (a) $\frac{14}{8} = \frac{7}{4}$ (b) $\frac{16}{12} = \frac{4}{3}$ (c) $\frac{15}{45} = \frac{3}{9}$
2. (a) $\frac{14}{56} = \frac{1}{4}$ (b) $\frac{16}{72} = \frac{2}{9}$ (c) $\frac{80}{144} = \frac{5}{9}$
3. (a) 3 : 2   (b) 2 : 3   (c) $\frac{2}{5}$ (d) $\frac{3}{5}$
4. (a) 3 : 4   (d) 4 : 3 : 2
   (b) $\frac{2}{9}$ (e) You cannot have 3 levels.
   (c) 1 : 2

Exercise 11.3

1. [number line: A, B, C]
2. [number line: A, B, C]
3. [number line: A, B, C]
4. [number line: A, B, C]
5. [number line: A, B, C, D]
6. [number line: A, B, C, D]

7. (a) 1 : 2 (b) 2 : 1 (c) 1 : 3 (d) 2 : 3
8. (a) 1 : 3 (b) 3 : 1 (c) 1 : 4 (d) 3 : 4
9. $AC = 14$ cm and $BC = 10$ cm
10. (a) 8 cm (b) 14 cm

Exercise 11.4

1. Elder £65 and younger £35
2. 20 kg, 120 kg
3. 5 : 8
4. 1.5 l
5. 80 ml
6. (a) 125 ml (b) 175 ml (c) 70 ml
7. 135 cm^2
8. 21 litres of blue, 27 litres of green
9. 8 litres Lily White and 20 litres Buttercup
10. 500 ml lime juice, 1.5 l coconut milk, 3 l pineapple juice
11. 30°, 60°, 90° right-angled triangle
12. 36°, 72°, 72° isosceles triangle

Exercise 11.5

1. 126 miles
2. 60p
3. 210 bricks
4. 27 tins

11 Ratio and enlargement

55

5 It depends how fast they run.

6 75 minutes

7 2.1 m, if it grows at the same rate, but it probably will not.

8 274.5 miles

9 75 minutes

10 It depends how much time I spend reading and the length of the books. (Perhaps about $5\frac{1}{2}$ books.)

11 About 15.4 gallons

12 8 tins of soup

13 168 lb

14 5 men

15 375 g self-raising flour

    375 ml water

    6 tablespoons milk

    2 eggs ($1\frac{1}{2}$)

Exercise 11.6

1 Pupils should have drawn a line 6 cm long.

2 Pupils should have drawn a line 4 cm long.

3 Pupils should have drawn a line 6 cm long.

4 (a) (i)

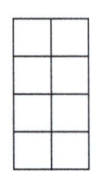

    (b) (i)

    (ii) 2 : 8 = 1 : 4

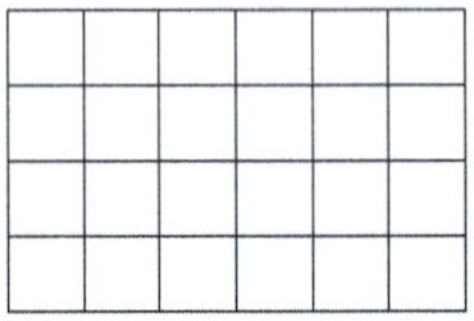

    (ii) 6 : 24 = 1 : 4

5 (a) B

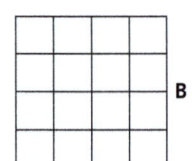

   (b) C

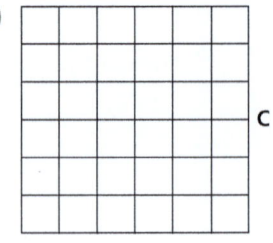

   (c) D

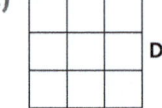

6 A: 4; B: 16; C: 36; D: 9

   (a) 1 : 4   (b) 1 : 9   (c) 4 : 9

   The area scale factor is the square of the linear scale factor.

Exercise 11.7

1 (a), (b)

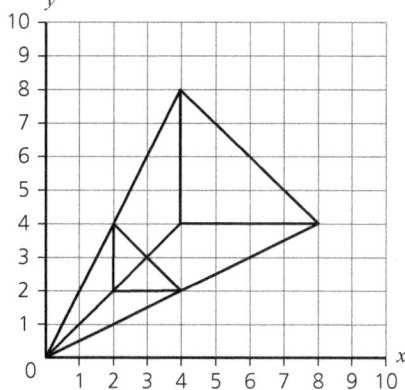

2 (a)

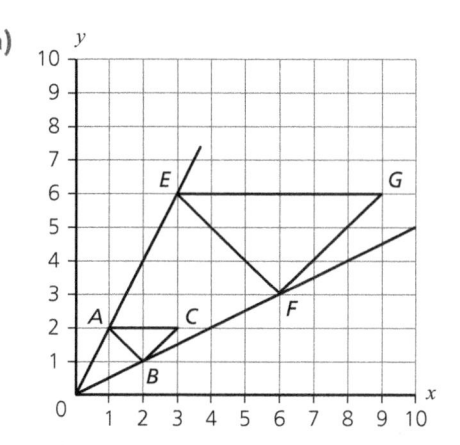

(b) 9 : 1

3 (a)

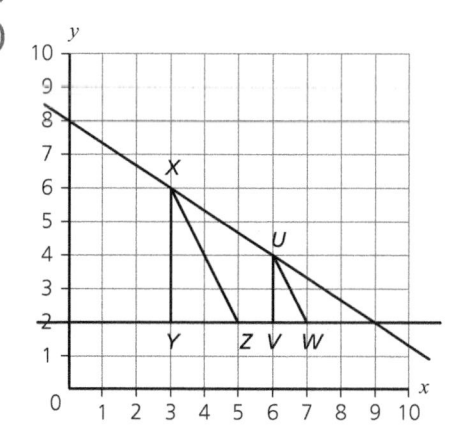

(b) 4 : 1

4 (a) Centre of enlargement (1, 2), scale factor 3

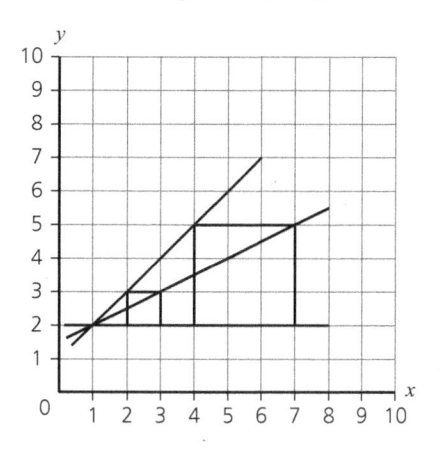

(b) Centre of enlargement (1.5, 7), scale factor 3

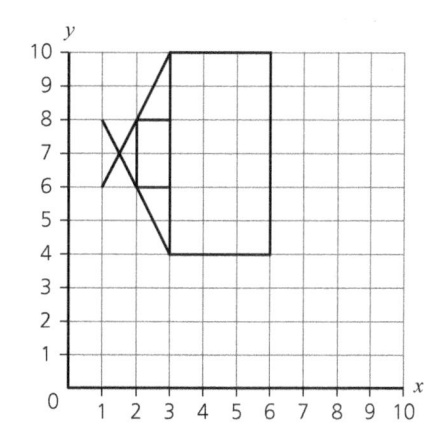

(c) Centre of enlargement (8, 6), scale factor 2

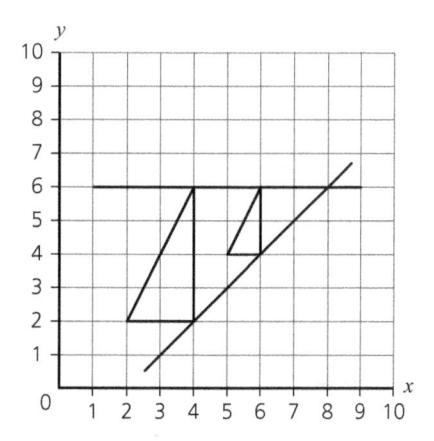

(d) Centre of enlargement (8, 3), scale factor 5

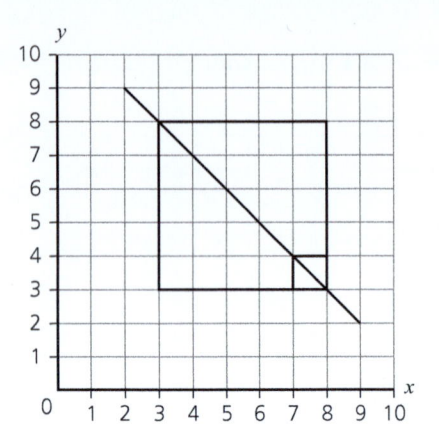

7 (a)

(b) 9 : 1

5 (a)

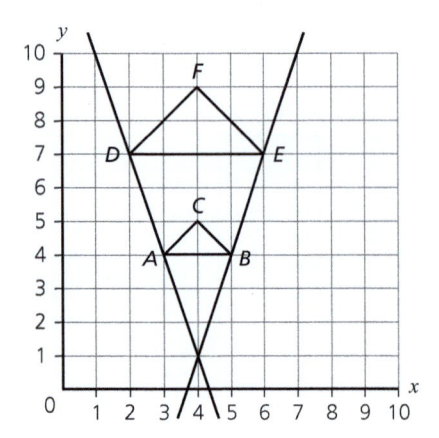

(b) Centre of enlargement (4, 1), scale factor 2

8 (a)

(b) 4 : 1

6 (a)

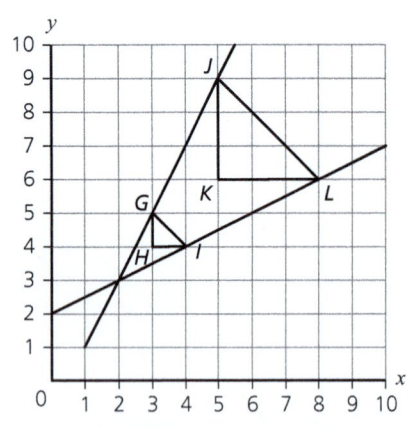

(b) Centre of enlargement (2, 3), scale factor 3

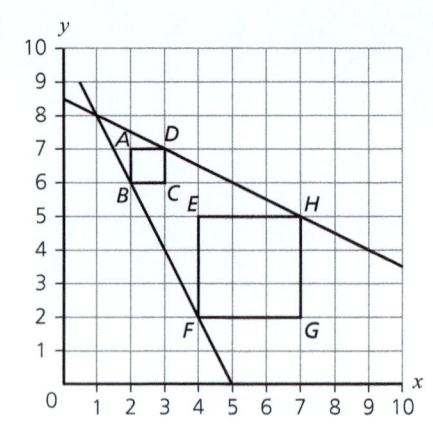

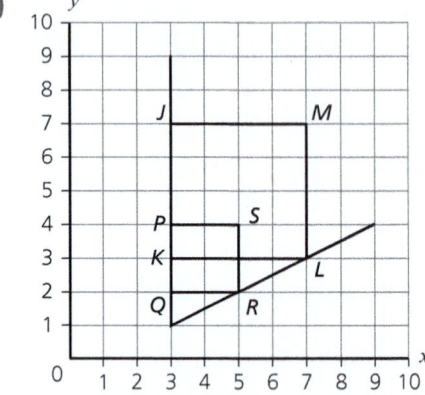

9 (a)

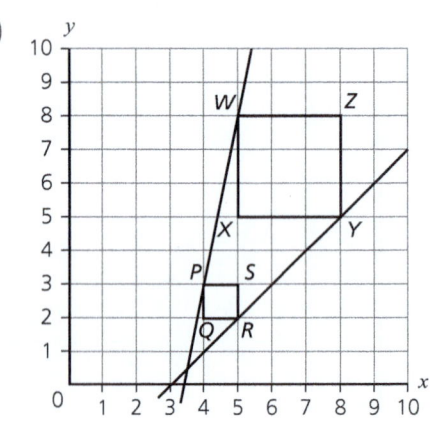

(b) Centre of enlargement $\left(3\tfrac{1}{2}, \tfrac{1}{2}\right)$, scale factor 3

10 (a)

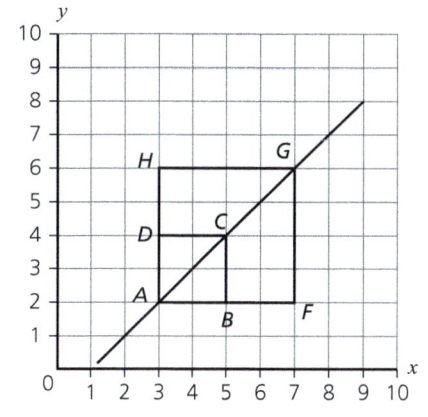

(b) 4 : 1

11 The square of the length scale factor.

Extension Exercise 11.8

1. 51 kg copper, 136 kg zinc
2. 3 jugs (or 2.25 jugs if you accept parts)
3. 555 (556 to 3 s.f.)
4. 36°, 72°, 108°, 144°
5. 60°, 90°, 90° 120°

   It is a right-angled trapezium. It could be a kite if the order of the angles does not matter.
6. Colonel Mustard 80 ml, Mrs Mustard $33\frac{1}{3}$ ml
7. (a) Tom is 16 and Tim is 8

   (b) Tom £44, me £33, Tim £22, £1 left
8. 27 children
9. 360 white squares
10. (a) 10 cm (b) 5 cm (c) 20 cm²

Summary Exercise 11.9

1. (a) 4 : 7   (b) 7 : 4   (c) 7 : 11
2. (a) 1 : 2   (b) 2 : 9   (c) 12 : 5
3. (a) 6 : 7   (b) 70 g
4. A   B   C

5

A   B   C

6 (a) $34:17 = 2:1$ (b) $24:8 = 6:2$ (c) $2:7 = 34:119$

7 45 cm and 75 cm

8 19.2 l

9 3.45 cm if the rain falls at the same rate

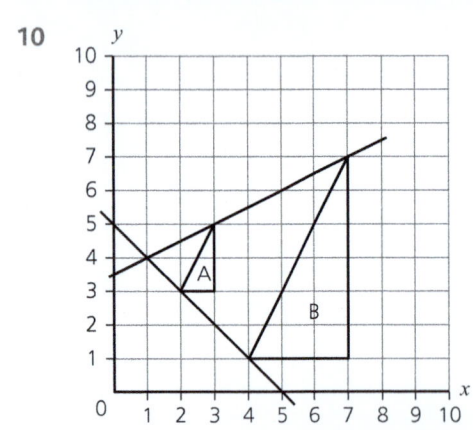

10

Activity: Christmas lunch investigation

1 Just one choice

2 2 choices for A, 1 choice for B. $2 \times 1 = 2$; halved, since clockwise and anti-clockwise are the same, $\to 1$

3 3 choices for A, 2 choices for B, 1 choice for C. $3 \times 2 \times 1 = 6$; halved $\to 3$ then divided by $3 \to 1$

4 4 choices for A, 3 choices for B, 2 choices for C, 1 choice for D. $4 \times 3 \times 2 \times 1$; halved $\to 12$, then divided by $4 \to 3$

5 5 choices for A ... $5 \times 4 \times 3 \times 2 \times 1 = 120$; halved $\to 60$, then divided by $5 \to 12$

6 6 choices for A ... $6 \times 5 \times 4 \times 3 \times 2 \times 1 = 720$; halved $\to 360$, then divided by $6 \to 60$

7 7 choices for A ... $7 \times 6 \times 5 \times 4 \times 3 \times 2 \times 1 = 5040$; halved $\to 2520$, then divided by $7 \to 360$

The pupils should check their pattern is correct by drawing all the arrangements for the family of seven but as they start to do this it will become apparent quite quickly that it will take ages. Let the pupils go over their previous results and see the pattern:

12 people: $12 \times 11 \times 10 ... \times 3 \times 2 \times 1 \div 2 \div 12 = 19\,958\,400$

Note: This doesn't work for 2 or 1

House number	Arrangements
1	1
2	1
3	1
4	3
5	12
6	60
7	360

Some pupils may be interested in exploring the factorial [!] function on their calculators.

11 Ratio and enlargement

60

12 Algebra 2: Equations and brackets

For each solution, careful setting out recording all the steps is important. Encourage the checking of solutions.

Exercise 12.1

1 $3x + 3$
2 $2x + 6$
3 $2x - 6$
4 $12 + 4x$
5 $10 - 2a$
6 $6b + 3$
7 $8x + 6$
8 $10 + 4a$
9 $10y + 15$
10 $21 - 9a$
11 $24 + 12a$
12 $4x - 6y$
13 $12a - 3b$
14 $10x + 5$
15 $3b - 15a$
16 $21 - 6x$
17 $12a - 6b$
18 $24 - 18x$
19 $16n - 32m$
20 $15p - 5q$

Exercise 12.2

1 $3x + 8$
2 $6x - 2$
3 $7x - 15$
4 $5x + 10$
5 $3x + 3$
6 $12 - 3x$
7 $14 - 6x$
8 $^{-}16$
9 $8x$
10 $18x + 10$
11 $14x - 6$
12 $7x + 8$
13 $27 - 2x$
14 $7x + 8$
15 $11x + 15$
16 $5x + 9$
17 $20x + 16$
18 $28 - 24x$
19 $7x + 31$
20 $15 - 4x$

Exercise 12.3

1 $2 - 2x$
2 $x - 4$
3 $x - 10$
4 $2 - 9x$
5 $2 - 2x$
6 $3x - 4$
7 $x - 6$
8 $^{-}12x$
9 $10 - x$
10 $2 - 7x$
11 $5x + 9$
12 $4 - x$
13 $14x - 4$
14 $3x - 1$
15 $3x + 3$
16 $18 - 7x$
17 9
18 $4x$
19 10
20 0

Exercise 12.4

1. $6x - 4$
2. $8 - 4x$
3. $7x - 1$
4. $5x + 8$
5. $4x + 8$
6. $16 - 2x$
7. $7x + 10$
8. 7
9. $11x$
10. $11 - 3x$
11. $8x$
12. $^-2$
13. $48x - 3$
14. $6x$
15. $^-10x - 15$
16. $14x$
17. $3x - 6$
18. $24x - 8$
19. $9x$
20. 0

Exercise 12.5

1. (a) $2(x + 3)$
   (b) $3(x + 4)$
   (c) $4(x - 2)$
   (d) $3(x + 2)$

2. (a) $3(x + 4)$
   (b) $3(2x - 1)$
   (c) $2(2x + y - 4)$
   (d) $3(5 - x + 2y)$

3. (a) $2(2x + 3)$
   (b) $3(x - 5)$
   (c) $3(2x + 3y - 4)$
   (d) $3(4 + 3x - y)$

4. (a) $4(x + 2)$
   (b) $3(y - 2)$
   (c) $6(2 + 3y)$

5. (a) $5(3y + 1)$
   (b) $4(4x - 5xy + 1)$
   (c) $4(2x + y - 3xy)$

6. (a) $2(x + 4)$
   (b) Does not factorise.
   (c) $3(5 - 7x)$
   (d) $2(9a + 8b)$
   (e) Does not factorise.
   (f) $8(a + 2b - 3ab)$
   (g) $6(3c + ab - 2)$
   (h) $8(1 - 2a + 3c)$
   (i) $2(9 + 8a)$
   (j) Does not factorise.
   (k) $7(1 + 2p - 3q)$
   (l) $8(ab + 2)$

Exercise 12.6

Questions 21–30 are not intended for pupils sitting papers at Levels 1 and 2

1. $x = 2$
2. $a = 9$
3. $b = 2$
4. $c = 5$
5. $p = ^-4$
6. $x = 3$

7 $m = 11$
8 $d = 4$
11 $a = 2$
12 $m = 2$
13 $p = {}^-2$
14 $n = 4$
15 $x = {}^-2\frac{1}{2}$
21 $b = 1$
22 $x = 1\frac{1}{3}$
23 $b = {}^-3$
24 $b = \frac{5}{4} = 1\frac{1}{4}$
25 $c = {}^-1\frac{1}{2}$

9 $x = {}^-1$
10 $m = 2$
16 $s = 3$
17 $t = 7$
18 $q = {}^-2$
19 $x = 1$
20 $n = 2$
26 $n = {}^-1$
27 $b = \frac{1}{2}$
28 $x = 4$
29 $c = {}^-1$
30 $a = {}^-1$

Exercise 12.7

1 ± 4
2 ± 5
3 ± 100
4 0.16
5 1.44
6 ± 0.5
7 ± 12
8 10 000
9 0.01
10 ± 11

Exercise 12.8

1 $x = \pm 1$
2 $a = \pm 10$
3 $b = \pm 7$
4 $c = \pm 9$
5 $y = \pm 2$
6 $a = \pm 8$
7 $x = \pm 0.3$
8 $c = \pm 40$
9 $b = \pm 0.4$
10 $y = \pm 20$
11 $x^2 = 144$; 12 m
12 $x^2 = 1.44$; 1.2 m
13 $x^2 = 0.64$; 0.8 m
14 $x^2 = 0.04$; side length 0.2 cm, perimeter 0.8 cm

12 Algebra 2: Equations and brackets

Exercise 12.9

1. $x = 3$
2. $x = 8$
3. $x = 1$
4. $x = 3$
5. $x = 5$
6. $x = 1$
7. $x = \frac{1}{2}$
8. $x = 3\frac{1}{2}$
9. $x = \frac{2}{3}$
10. $x = {}^-2\frac{1}{8}$

11. $x = 5$
12. $x = {}^-1.5$
13. $x = 5$
14. $x = 1$
15. $x = {}^-1$
16. $x = {}^-\frac{1}{3}$
17. $x = 2$
18. $x = 3$
19. $x = 2$
20. $x = {}^-1$

Exercise 12.10

1. $x = 10$
2. $a = 14$
3. $m = 27$
4. $b = 20$
5. $a = 6$
6. $a = 9$
7. $n = 1\frac{1}{3}$
8. $x = 10$
9. $a = 19$
10. $x = 3$

Exercise 12.11

1. $2(x + 5) = 30$; 10
2. $2x + 5 = 25$; 10
3. $2(x - 3) = 14$; 10
4. $2x - 3 = 17$; 10
5. $2(x + 4) = 40$; 16
6. $3(x - 4) = 36$; 16
7. $2(x - 5) = 70$; 40

8. (a) $x - 5$
   (b) $2(x - 5)$
   (c) $x - 5 + x + 2(x - 5) = 4x - 15$
   (d) $4x - 15 = 33$; 12
   (e) 7; 14

9. (a) $x - 3$
   (b) $3(x - 3)$
   (c) $4(x - 3) + x = 5x - 12$
   (d) $5x - 12 = 28$; 8
   (e) 15

10 (a) $2x$
   (b) $2x - 5$
   (c) $5x - 5$
   (d) $5x - 5 = 15$; Tom had 4, I have 8 and Sally had 3

Extension Exercise 12.12

1 $1\frac{2}{3}$
2 $1\frac{3}{4}$
3 3
4 0
5 $-5\frac{1}{2}$
6 $^-1$
7 $^-4\frac{1}{4}$
8 $^-1\frac{1}{6}$
9 2
10 $^-3$
11 3
12 $^-8\frac{2}{5}$
13 1
14 $\frac{^-13}{18}$
15 3
16 $3\frac{3}{4}$
17 $^-3$
18 11
19 $1\frac{4}{7}$
20 $^-1$

Summary Exercise 12.13

1 (a) $2x + 2$ (b) $6x - 12$ (c) $20 + 12x$

2 (a) $5x + 2$ (b) $4x + 1$ (c) $^-6x - 5$ (d) $24 - 2x$

3 (a) $2(a + 2)$
  (b) $3(b - 6c)$
  (c) $4(2x + 1)$
  (d) Not possible
  (e) $3(8a + 5b - 7c)$
  (f) $5(2y - x)$
  (g) Not possible
  (h) $8(a + 2ab - 3)$

4 (a) 4 (b) 3 (c) 17 (d) $\frac{3}{4}$

5 (a) 4 (b) 2 (c) $^-4$ (d) $\frac{1}{5}$

6 (a) 20 (b) $3\frac{1}{2}$

7 (a) $-\frac{1}{2}$ (b) 1 (c) $^-2\frac{1}{2}$

8 $2x + 7 = 15$, $x = 4$, so my number was 4

9 (a) $x + 6$
  (b) $x - 10$
  (c) $3x - 4$
  (d) $3x - 4 = 41$
      $3x = 45$
      $x = 15$

Therefore Henry walked 15 miles, Casper 5 miles and Freddy 21 miles.

13 Angles and polygons

Exercise 13.1

This type of 'angle chasing' goes down well with pupils if they are asked to 'play detective' and 'look for clues'. Calculators could be used so that the main focus is the logical thinking and is not confused by the arithmetic.

1. $a = 126°, b = 91°$
2. $c = 62°, d = 46°, e = 62°$
3. $f = 71°, g = 109°, h = 71°$
4. $i = 128°, j = 52°, k = 76°$
5. $m = n = p = 60°, q = 120°$
6. $r = 48°, s = 110°$
7. $t = 60°, u = 38°, v = 38°, w = 104°$
8. $x = 27°, y = 153°, z = 76.5°$
9. $x = 30°$
10. $x = 18°, y = 72°, z = 144°$

Exercise 13.2

1. (a) corresponding
   (b) none
   (c) co-interior
   (d) co-interior
   (e) alternate
   (f) corresponding
2. (a) 110°, corresponding
   (b) 108°, corresponding
   (c) 120°, co-interior
   (d) 35°, alternate
   (e) 125°, alternate
   (f) 115°, co-interior
3. $a = d, b = c, e = h, f = g$ (all vertically opposite)
   $a = e, c = g, b = f, d = h$ (all corresponding)
   $c = f, d = e$ (both alternate)
   There are other pairs that are equal, but not for any one reason.
4. $a + b = b + d = c + d = a + c = 180°$ (angles on a straight line)
   $e + f = f + h = g + h = e + g = 180°$ (angles on a straight line)
   $c + e = 180°, d + f = 180°$ (co-interior angles)
5. $a = d = g = 120°$ (pupils' sequence and reasons will vary)
   $b = c = e = f = 60°$ (pupils' sequence and reasons will vary)
6. $a = 45°, h = 45°, b = 68°, e = f = 112°, d = g = 68°, c = 67°$ (order and reasons will vary)

Exercise 13.3

1. (a) Check pupils have coloured the angle ACD red.
   (b) Check pupils have coloured the angle BCA blue.
   (c) Check pupils have coloured the angle CBA yellow.

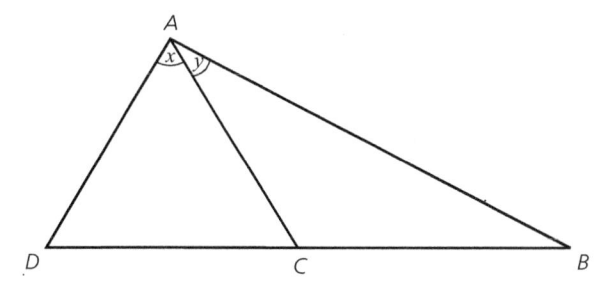

2. (a) Check pupils have coloured the angle ABD red.
   (b) Check pupils have coloured the angle CBD blue.
   (c) Check pupils have coloured the angle ADC yellow.

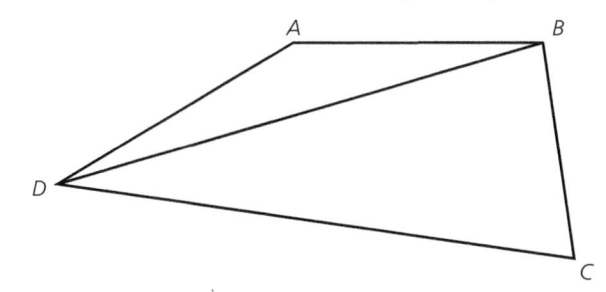

Exercise 13.4

1. (a) Angle $CDF = 72°$ (corresponding angles)
   (b) Angle $CDB = 108°$ (either co-interior or angles on a straight line)
   (c) Angle $FDE = 108°$ (either vertically opposite or angles on a straight line)

2. (a) Angle $ADC = 32°$ (alternate angles)
   (b) Angle $DCA = 74°$ (base angle of isosceles triangle)

3. (a) Angle $ABF = 80°$ (alternate angles)
   (b) Angle $CBF = 100°$ (co-interior angles)
   (c) Angle $CGH = 115°$ (co-interior angles)
   (d) Angle $CGF = 65°$ (various reasons)

4. (a) Angle $CED = 44°$ (alternate angles)
   (b) Angle $ECD = 49°$ (angles in a triangle)
   (c) Angle $ACB = 49°$ (vertically opposite)
   (d) Angle $ABC = 87°$ (alternate angles)

5 (a) Angle BCA = 60° (equilateral triangle)
  (b) Angle ACD = 60° (alternate angles)
  (c) Angle DCE = 60° (angles on a line or corresponding angles)
6 (a) Angle BDA = 100° (angles in a triangle)
  (b) Angle BDC = 48° (alternate angles)
  (c) Angle DBC = 100° (alternate angles)
  (d) Angle BCD = 32° (angles in a triangle)
7 Angle CED = 61°
8 (a) Angle GBC = 106° (co-interior angles)
  (b) Angle CDJ = 105° (alternate angles)
  (c) Angle BCH = 74° (co-interior angles)
  (d) Angle CHI = 149° (alternate angles with BCH and HIG)

Exercise 13.5

1 Check pupils' own drawings.

2 Check pupils' own drawings.

3

Polygon	Number of sides	No of triangles	Angle sum of polygon	Interior angle of regular polygon
Triangle	3	1	180°	60°
Quadrilateral	4	2	360°	90°
Pentagon	5	3	540°	108°
Hexagon	6	4	720°	120°
Heptagon	7	5	900°	$128\frac{4}{7}°$
Octagon	8	6	1080°	135°
Nonagon	9	7	1260°	140°
Decagon	10	8	1440°	144°

4 (a) $n - 2$ (b) $180 \times (n - 2)$ (c) $\frac{180(n-2)}{n}°$

  (d)

Formula	n	$n - 2$	$180 \times (n - 2)°$	$\frac{180(n-2)}{n}°$

5 Check pupils' own drawings. 360°
6 Check pupils' own drawings. 360°
7

Polygon	Number of sides	Sum of exterior angles	Exterior angle of regular polygon
Triangle	3	360°	120°
Quadrilateral	4	360°	90°
Pentagon	5	360°	72°
Hexagon	6	360°	60°
Heptagon	7	360°	$51\frac{3}{7}$°
Octagon	8	360°	45°
Nonagon	9	360°	40°
Decagon	10	360°	36°

8 (a) 360°

   (b) $\frac{360°}{n}$

   (c)

Formula	n	360°	$\frac{360}{n}$

9 They add up to 180° because they are angles on a straight line.

Exercise 13.6

1 (a) 30°   (b) 20°   (c) 12°

2 (a) 15 sides (b) 36 sides (c) 24 sides

3 360 does not divide exactly by 65

4 Only an equilateral triangle

5 (a) 1800°   (b) 2880°   (c) 3240°

6 (a) 150°   (b) $157\frac{1}{2}$°   (c) 156°

7 (a) 4 sides   (b) 9 sides   (c) 20 sides

8 (a) 6 sides; hexagon   (c) 10 sides; decagon
   (b) 8 sides; octagon   (d) 16 sides

9 (a) 45°   (b) 72°   (c) 18°

10 (a) 12 sides (b) 24 sides

Exercise 13.7

1. (a) 72° (b) 108° (c) 36° (d) 72°
2. (a) 60° (b) 120° (c) 30° (d) 90°
3. (a) 60° (b) 60° (c) 120° (d) 60°
4. (a) 45° (b) 67.5° (c) 135° (d) 67.5°
5. (a) 72° (b) 108° (c) 36° (d) 72°

Extension Exercise 13.8

Maths from stars: Calculating angles

This is further investigation into the tiling patterns from the activity in Chapter 10. The fact that angles at a point meet at 360° is very relevant here and can lead to further investigation about which regular polygons tessellate and which can meet at a point.

1. 120°   2. 60°   3. 1800°   4. 240°
5. Check pupils have drawn a six-pointed star on triangular spotted paper and that they have used it to check that their answers to questions 1–4 above are correct.
6. 108°
7. $a = 72°$, $b = 36°$, $c = 36°$ and $d = 108°$
8. 135°
9. 90°, 45°, 45°
10. 2520°
11. 225°
12. 135°, 90°, 90°, 45°
13. Hexagon: 135°, 135°, 135°, 90°, 135°, 90°

    Octagon: 45°, 225°, 45°, 225°, 45°, 225°, 45°, 225°

Summary Exercise 13.9

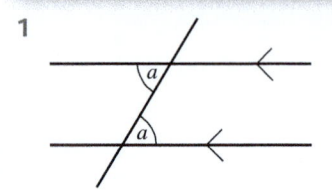

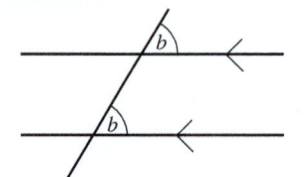

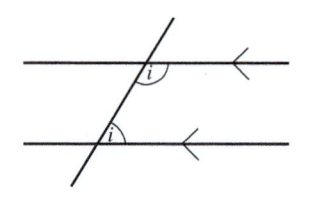

1.

2 $a = 116°$, $b = 64°$

   Check pupils' reasons. They could vary.

3 (a) 62°   (b) 62°   (c) 74°   (d) 106°

4 (a) 40°   (b) 156°

5 (a) 10   (b) 18

6 1980°

7 (a) 72°   (b) 108°   (c) 36°   (d) 72°

8 (a) 54°   (b) 54°   (c) 72°   (d) 89°

9 (a) 54°   (b) 19°   (c) 53.5°

10 (a) 12 sides

   (b) (i) ∠ODC = 75°   (iii) ∠ECD = 15°
       (ii) ∠CDE = 150°

   (c) (i) $x = 75°$ (ii) $y = 105°$

Activity: Hexagon investigation

1.

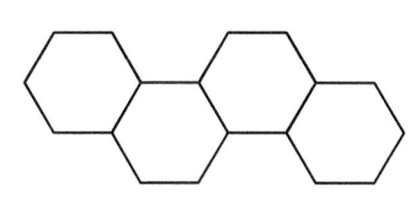

$n = 4$
$p = 18$
$d = 0$

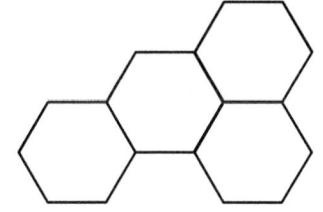

$n = 4$
$p = 16$
$d = 1$

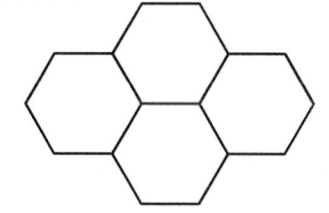

$n = 4$
$p = 14$
$d = 2$

2.

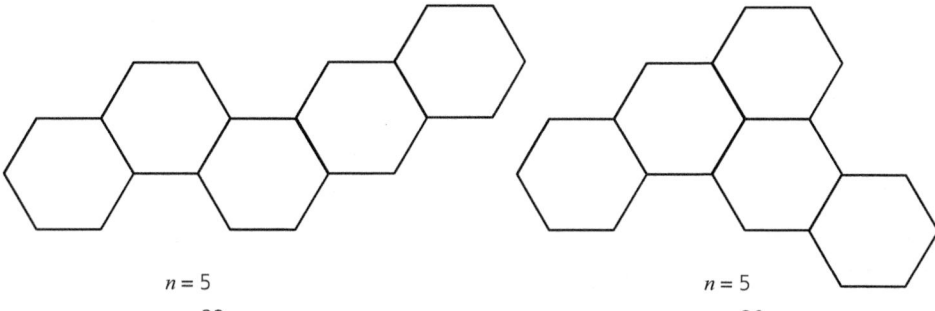

$n = 5$
$p = 22$
$d = 0$

$n = 5$
$p = 20$
$d = 1$

13 Angles and polygons

71

2 cont

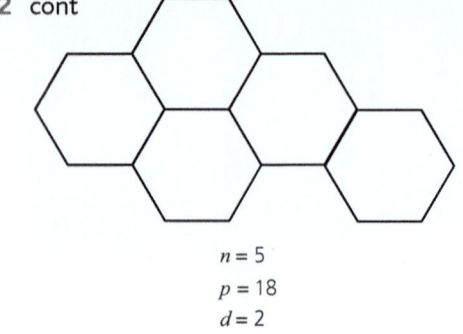

$n = 5$
$p = 18$
$d = 2$

$n = 5$
$p = 16$
$d = 3$

3 Check pupils' drawings and answers.

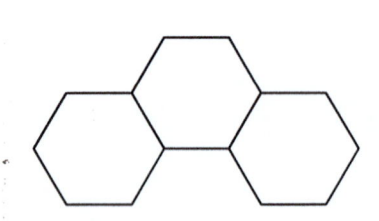

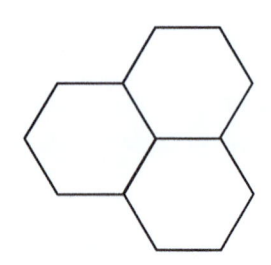

$n = 1$
$p = 6$
$d = 0$

$n = 2$
$p = 10$
$d = 2$

$n = 3$
$p = 14$
$d = 0$

$n = 3$
$p = 12$
$d = 1$

4

n	d	Perimeter
1	0	6
2	0	10
3	0	14
3	1	12
4	0	18
4	1	16
4	2	14
5	0	22
5	1	20
5	2	18
5	3	16
6	4	18
6	3	20

5 Perimeter = $4n - 2d + 2$

13 Angles and polygons

14 Scale drawings and constructions

Exercise 14.1

1. 1 : 100 000
2. 1 : 100
3. 1 : 50 000
4. 1 : 5
5. 1 : 500
6. 1 : 500 000
7. 1 : 50
8. 1 : 25 000

Exercise 14.2

1. (a) 50 cm
   (b) 4 cm
   (c) 60 cm
   (d) 5 m by 7 m
   (e) 2

2. (a) 12 m
   (b) 20 m
   (c) 15 cm
   (d) 1 cm
   (e) 4

3. 4.2 mm

4. 4.1 mm

5. (a) 100 m
   (b) 40 cm
   (c) 320 m
   (d) 24 cm
   (e) 2

6. 1 cm to 50 m

7. (a) 20 cm
   (b) 5 cm
   (c) 30 cm and 37.5 cm tall.
   (d) 2

8. (a) 2 feet
   (b) 10 inches
   (c) 8 feet
   (d) 7.5 inches

Exercise 14.3

1. (a), (b), (c) Check pupils' constructions.
2. (a), (b), (c) Check pupils' constructions.
3. Check pupils' constructions.
4. Check pupils' constructions.
5. Check pupils' constructions.
6. (a) Check pupils' constructions.
   (b) The bisectors meet at a point in the centre of the triangle.
   (c) Check pupils' constructions.
7. (a) Check pupils' constructions.
   (b) The bisectors meet at a point in the centre of the triangle.
   (c) The length from the meeting point of the bisectors to the sides is always the same. Check pupils' constructions.
8. Check pupils' constructions.
9. Check pupils' constructions.
10. Check pupils' constructions.

Exercise 14.4

1.

Object	Bearing
Boat	066°
Tanker	126°
Lighthouse	224°
Hilltop	305°

2. Check pupils' drawings.
3. Check pupils' drawings.
4. Check pupils' constructions.
5. Check pupils' constructions.
6. Check pupils' constructions.
7. No, it is in slightly shallower water.

Exercise 14.5

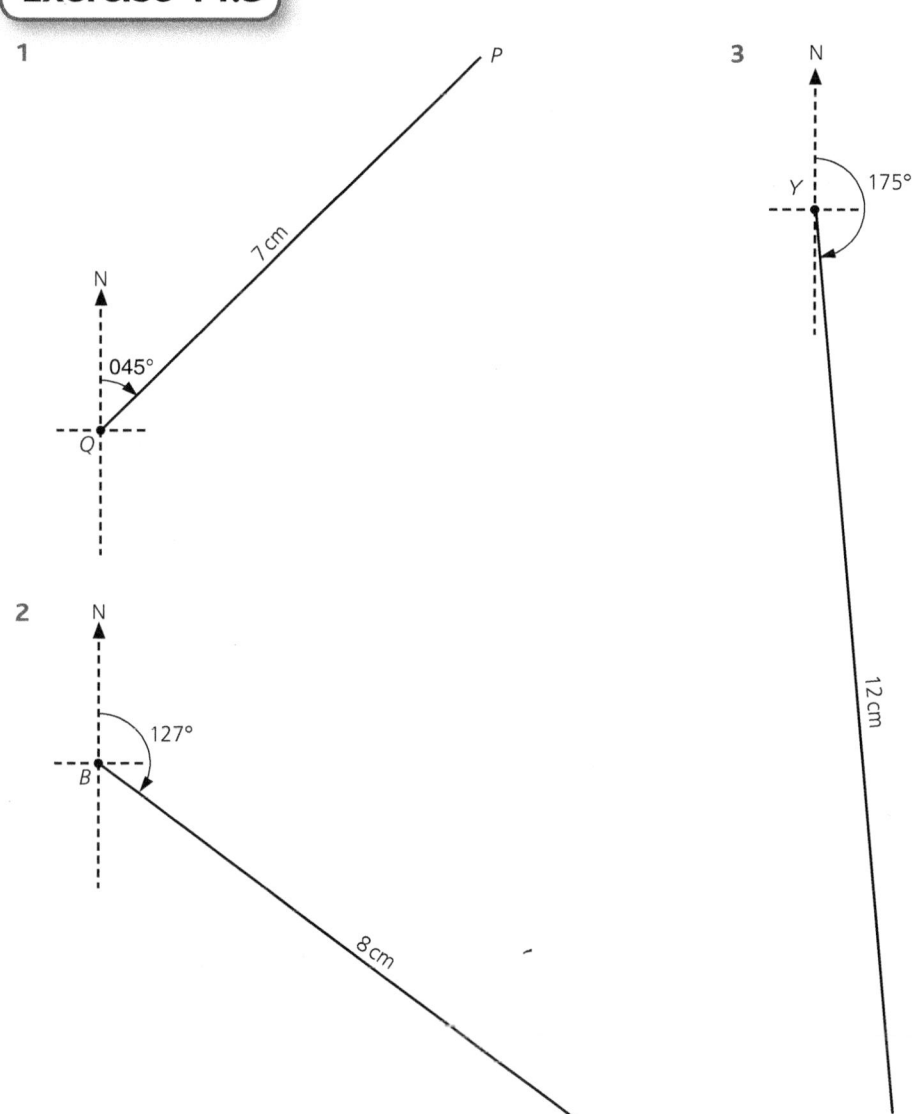

1. Q, bearing 045°, 7 cm to P

2. B, bearing 127°, 8 cm to A

3. Y, bearing 175°, 12 cm to X

4. N at N, 200°, 6 cm to M

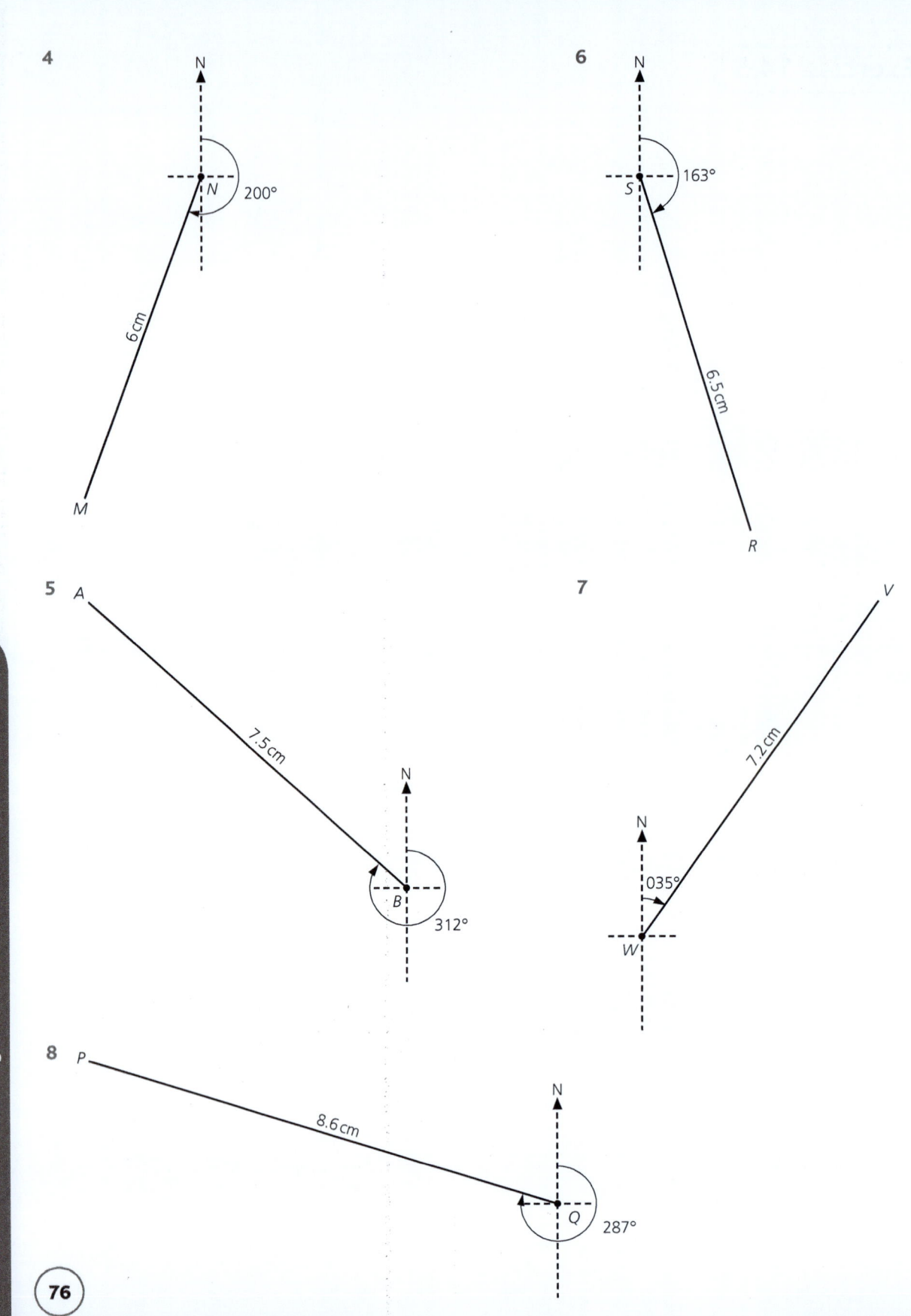

5. A, 7.5 cm to B, 312°

6. N at S, 163°, 6.5 cm to R

7. W, 035°, 7.2 cm to V

8. P, 8.6 cm to Q, 287°

9 Q1 Bearing of Q from P is 225°
   Q8 Bearing of Q from P is 107°
   Q2 Bearing of B from A is 307°
   Q5 Bearing of B from A is 132°

Exercise 14.6

1 300°   2 252°   3 033°   4 118°

5 (a) 172°   (b) 289°   (c) 109°

6 (a) (i) 290°   (ii) 020°   (iii) 110°
   (b) 065°

7 (a) (i) 228°   (ii) 342°
   (b) 285°

8 037°

9 90° clockwise

10 097° 6 km. You have walked two sides of an equilateral triangle.

Exercise 14.7

1

Note: Drawing shown is half the size of pupils' drawings.

2 (a)–(c)

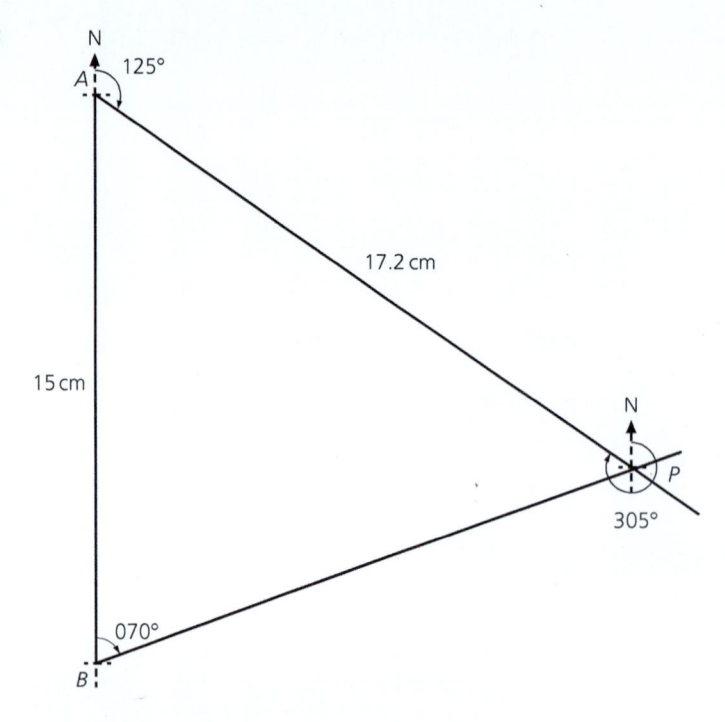

Note: Drawing shown is half the size of pupils' drawings.

(d) Distance from A to P is 17.2 km and the bearing from P of point A is 305°

3 (a)–(c)

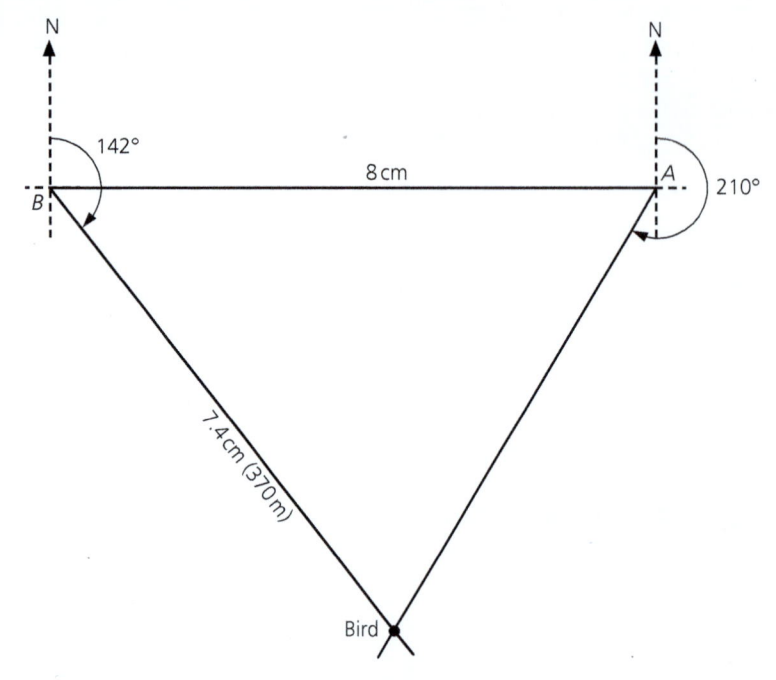

Note: Actual size

(d) Distance from the kite to point B is 370 m.

14 Scale drawings and constructions

78

4 (a)–(c)

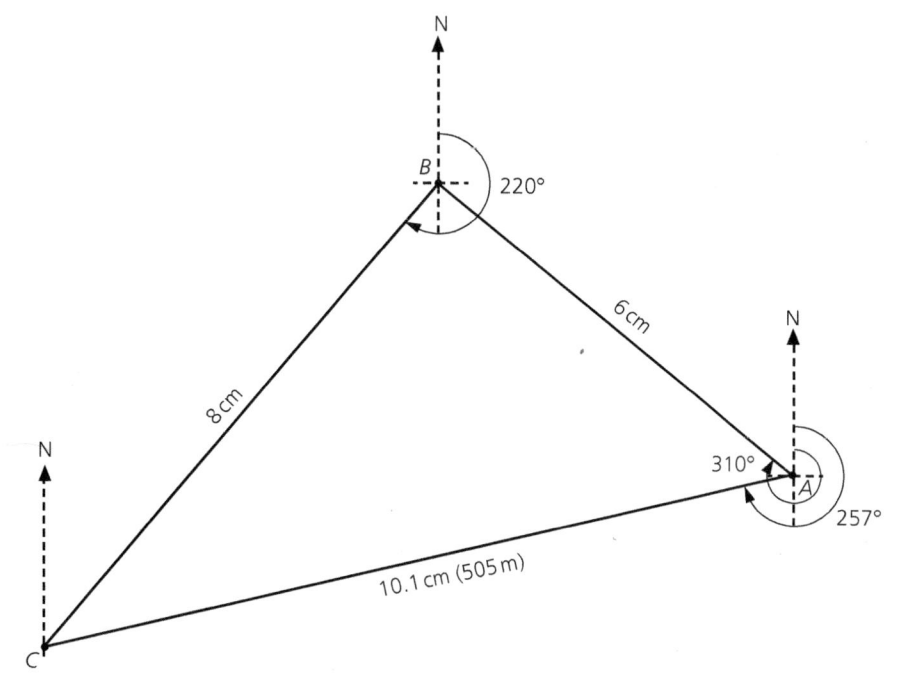

Note: Actual size

(d) 505 m

(e) Bearing of C from A is 257°

5 Length of second leg is 7.8 km on a bearing of 198° from Y.

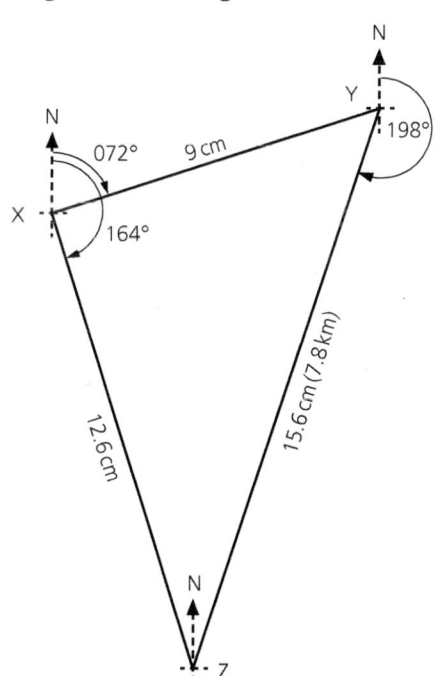

Note: Drawing shown is half the size of pupils' drawings.

6 (a)

Note: Size of pupils' drawings will depend on scale selected.

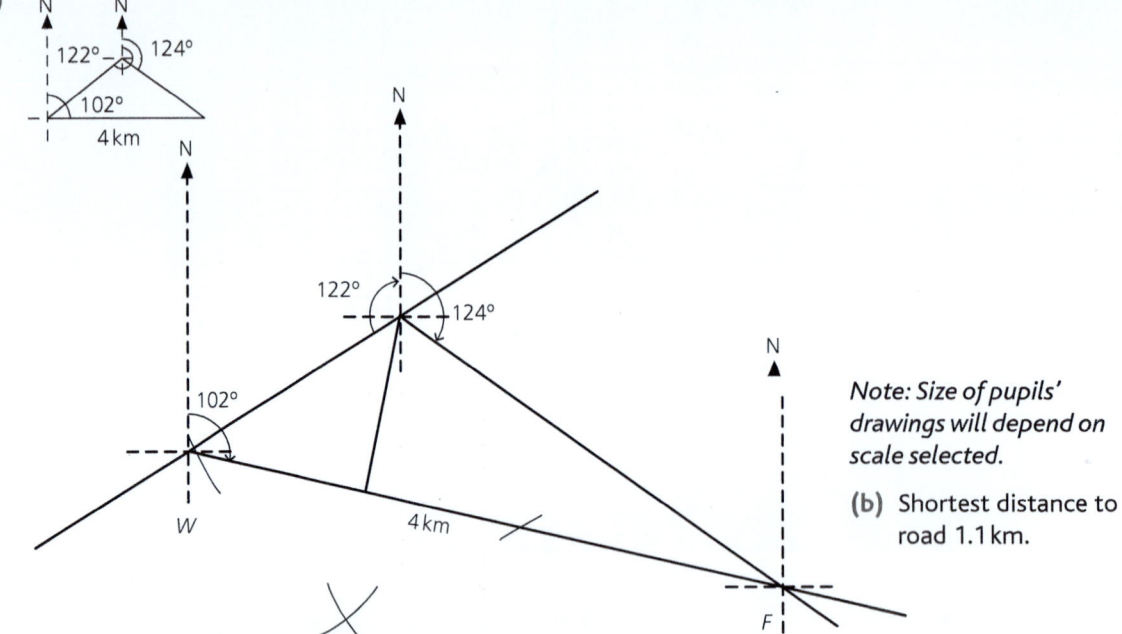

(b) Shortest distance to road 1.1 km.

7 The lifeboat travels 12.2 km on a bearing of 067° from the Beeport.

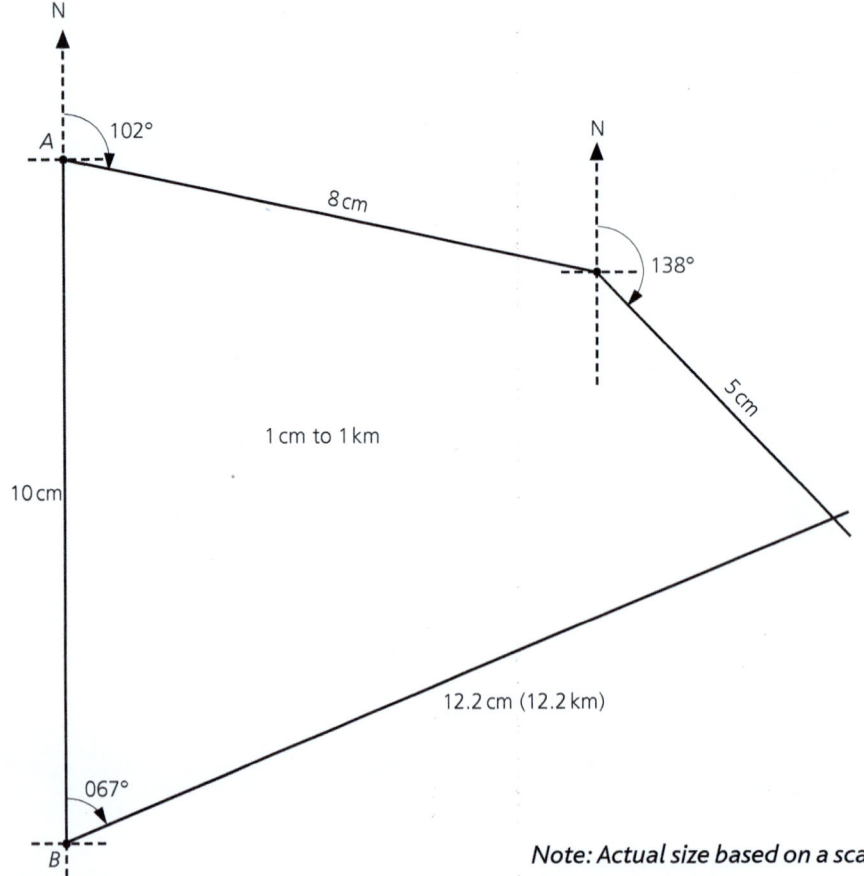

Note: Actual size based on a scale of 1 cm to 1 km

Extension Exercise 14.8

1. 3 o'clock and 9 o'clock

   If you work this question out you find that at $16\frac{4}{11}$ minutes past twelve the hands will be at 90°, and thus if the hands rotate continuously then this, and other answers, are also correct. However most clocks have hands that move on the minute, and therefore there are no other times when they are at exactly 90°. A good discussion point for your scholars!

2. (a) $6m$

   (b) $120 + \frac{m}{2}$

   (c) $6m = 120 + \frac{m}{2}$

   $m = 22$ to the nearest minute (actual answer $21\frac{9}{11}$ minutes past 4)

   (d) 4:22

   (e) 82.5°

3. (a) $b + 180°$ (c) $b - 180°$

   (b) Yes   (d) $b - 180°$

4. $90 + \frac{x+y}{2}$

5. (a) $\frac{180° - x}{2}$ (c) $y = \frac{180° - x}{2}$

   (b) $180° - 2y$ (d) $4y - 180°$

   (e) $z = 180° - y$; but $180° - 2y = \frac{180° - x}{2} \Rightarrow z = 135° - \frac{x}{4}$

6. (a) (i) 50°   (ii) 140°   (iii) 120°

   (b) (i) 40°   (ii) 130°   (iii) 105°

   (c) (i) $\frac{360° - x}{2}$ (ii) $\frac{180° - x}{2}$ (iii) $\frac{720° - 3x}{4}$

Summary Exercise 14.9

1. (a) 1 : 20 000   (b) 500 m

2. (a) 5 m by 4 m   (b) 4 cm by 2 cm   (c) 2

3. (a)–(d) Check pupils' constructions.

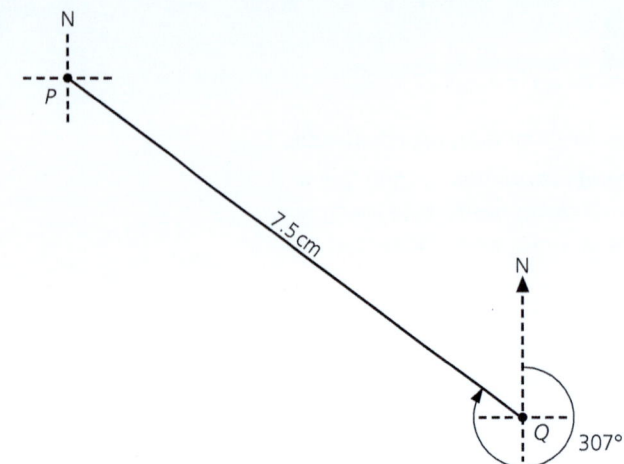

4 (a)

(b) 307°

5 037°

6 (a) 170°   (b) 050°

7 (a), (b) Sketch

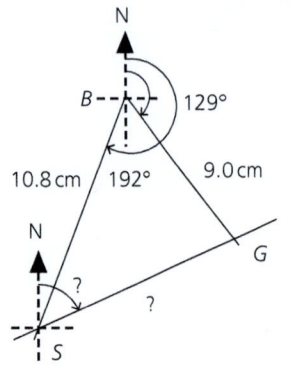

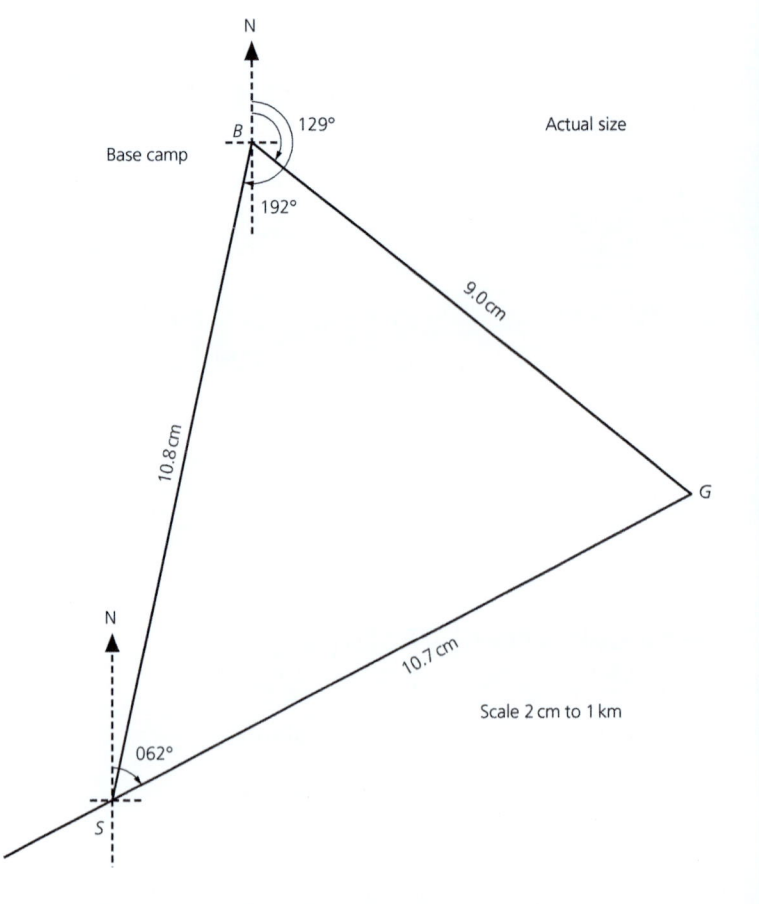

Note: Not drawn to actual size.

(c) Simon has to walk 5.35 km.

(d) Simon has to walk in the direction of 062° (±1°)

8 (a), (b) Sketch

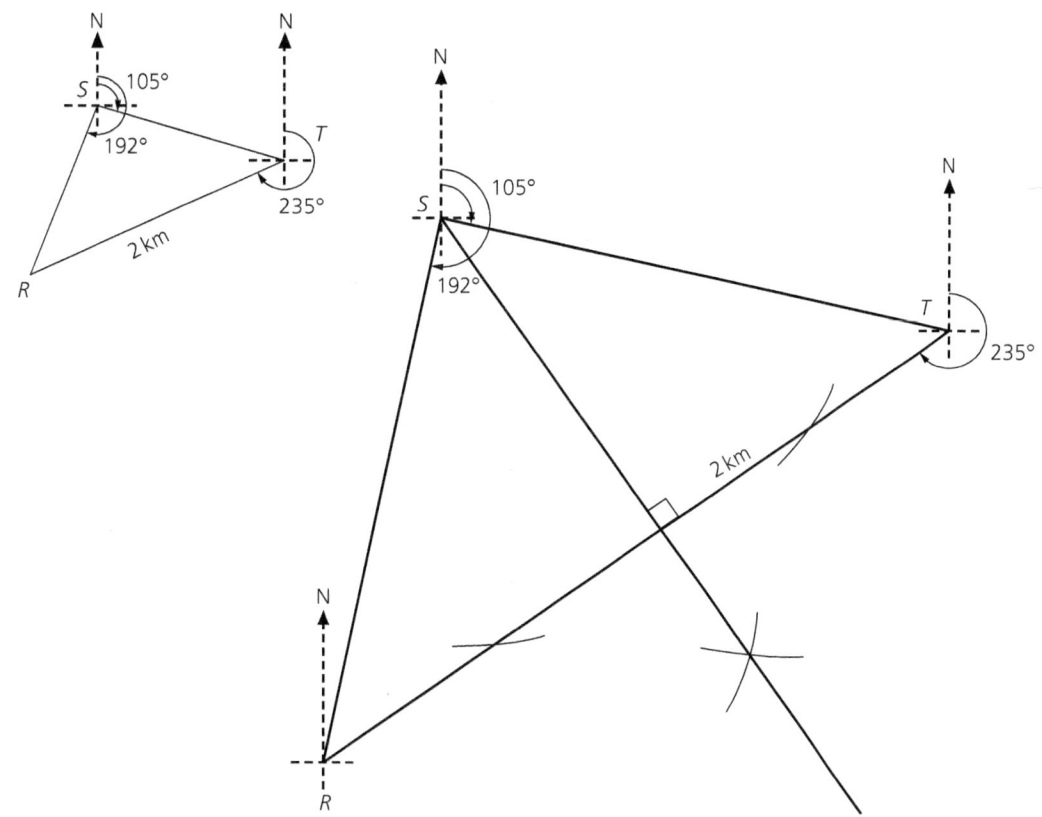

Note not to scale: actual pupil drawing should be scaled 5 cm to 1 km.

(c) 1.04 km

Activity: Black-eyed Jack's treasure

This activity provides plenty of scope for pupils to use their imagination. Most will enjoy drawing their own plans or maps with suitable hair-raising hazards.

15 Straight-line graphs

Exercise 15.1

1.

2. B, D, G

3. C, E, I

Exercise 15.2

1. $A(^-3, 2), B(^-1, 2), C(1, 2), D(4, 2)$

   $y = 2$

2. $E(^-2, 5), F(^-2, 3), G(^-2, 2), H(^-2, ^-1)$

   $x = ^-2$

3. $E(2, 4), F(2, 2), G(2, 1), H(2, ^-1)$

   $x = 2$

4. $A(^-2, ^-2), B(0, ^-2), C(2, ^-2), D(4, ^-2)$

   $y = ^-2$

5. $A(^-2, 4), B(0, 4), C(2, 4), D(4, 4)$

   $y = 4$

6 $E(4, 4), F(4, 1), G(4, ^-1), H(4, ^-3)$

   $x = 4$

7 $E(4, 4), F(2, 2), G(1, 1), H(^-1, ^-1)$

   $y = x$

8 $A(^-3, 3), B(^-1, 1), C(2, ^-2), D(3, ^-3)$

   $y = ^-x$

Exercise 15.3

1 These two lines intersect at $(3, ^-1)$

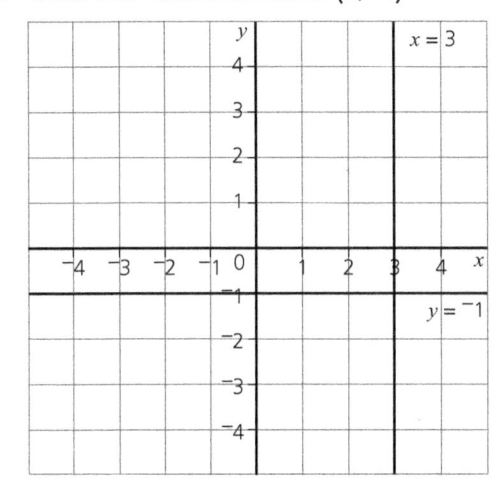

2 These two lines intersect at $(^-2, 0)$

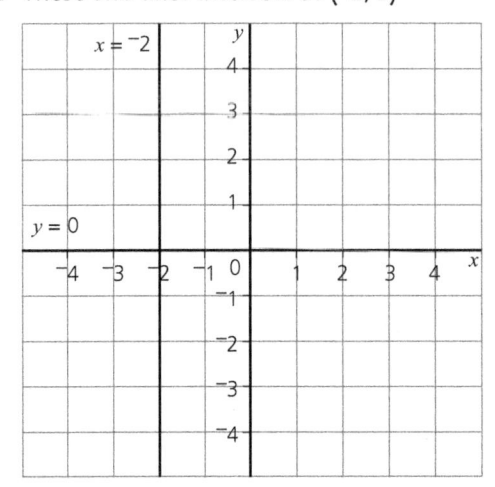

3 These two lines intersect at $(4, 1)$

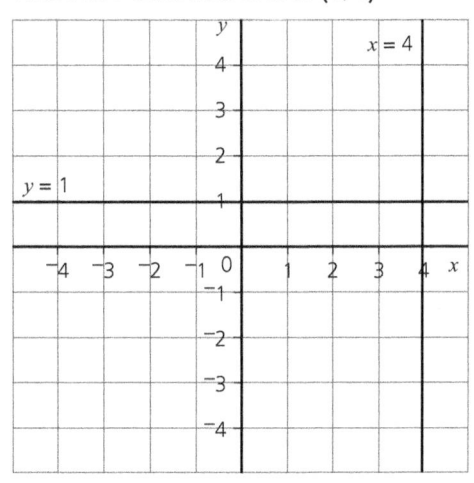

4 These two lines intersect at $(^-2, ^-2)$

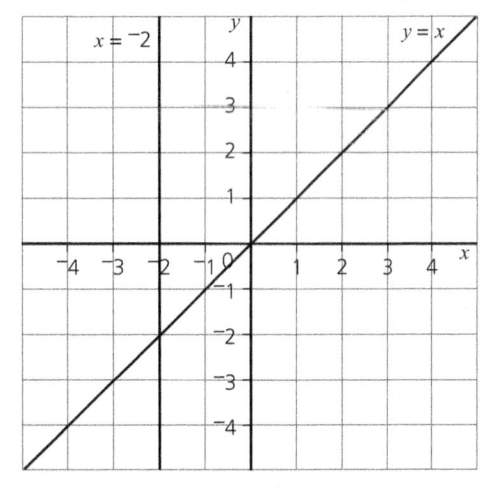

5 These two lines intersect at (0, 3)

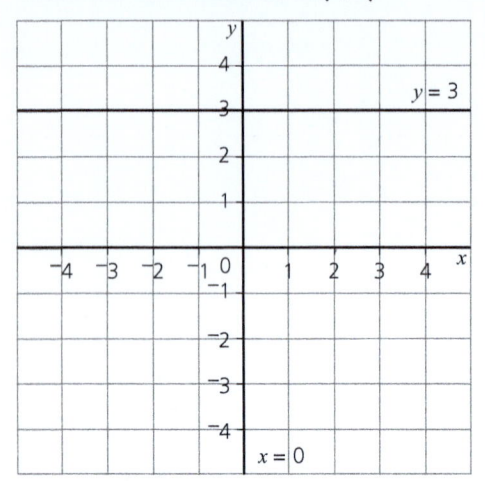

6 These two lines intersect at (2, −2)

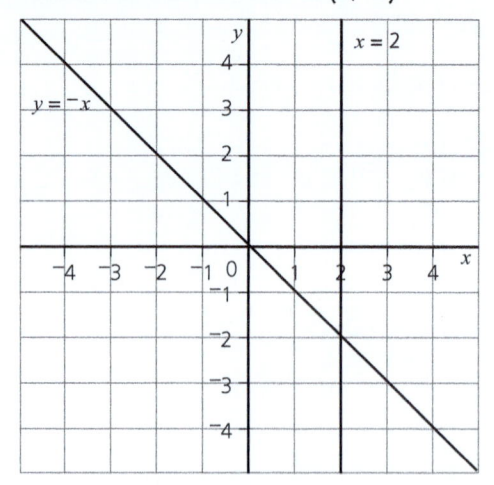

Exercise 15.4

1 9 square units

2 Rectangle, 35 square units

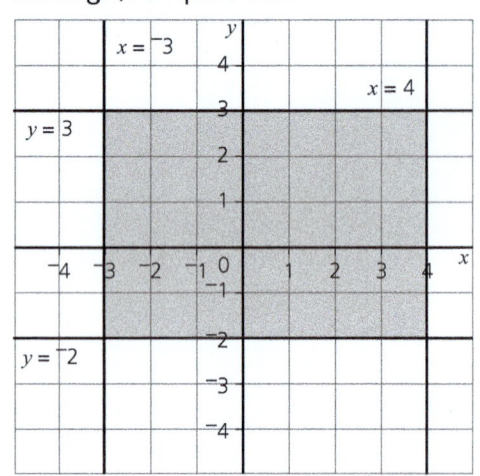

3 Square, 25 square units

5 $x = 4$

4 0.5 square unit

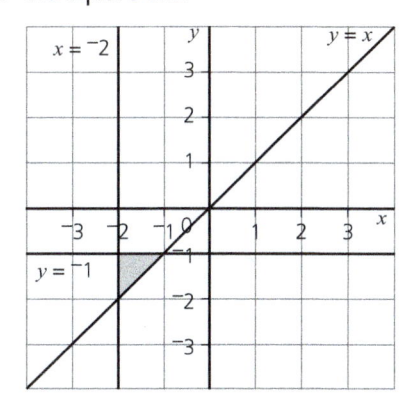

6 $y = 4$

Area of the square is 36 square units.

Exercise 15.5

1 (a) 6   (b) 12   (c) 3   (d) 0

2 (a) 8   (b) 5   (c) 12   (d) 7

3 (a) 3   (b) 5   (c) 7   (d) 4

4 (a) 5   (b) 9   (c) 17   (d) 3

5 (a) 2   (b) 1   (c) 0   (d) $\frac{1}{2}$

Exercise 15.6

1. (a) 1 (b) 4 (c) −2 (d) 0
2. (a) −8 (b) −2 (c) −11 (d) 1
3. (a) −1 (b) 2 (c) 3 (d) 0
4. (a) 3 (b) 5 (c) 2 (d) 1
5. (a) 4 (b) 1 (c) 10 (d) −5

Exercise 15.7

1.

x	−2	−1	0	1	2
y	−4	−3	−2	−1	0

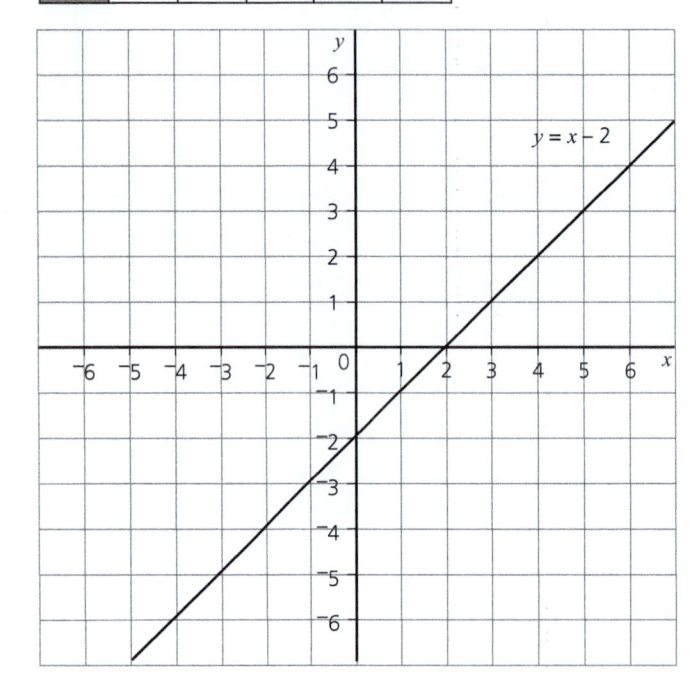

$y = x - 2$

2 (a)

x	-2	-1	0	1	2
y	-3	-1	1	3	5

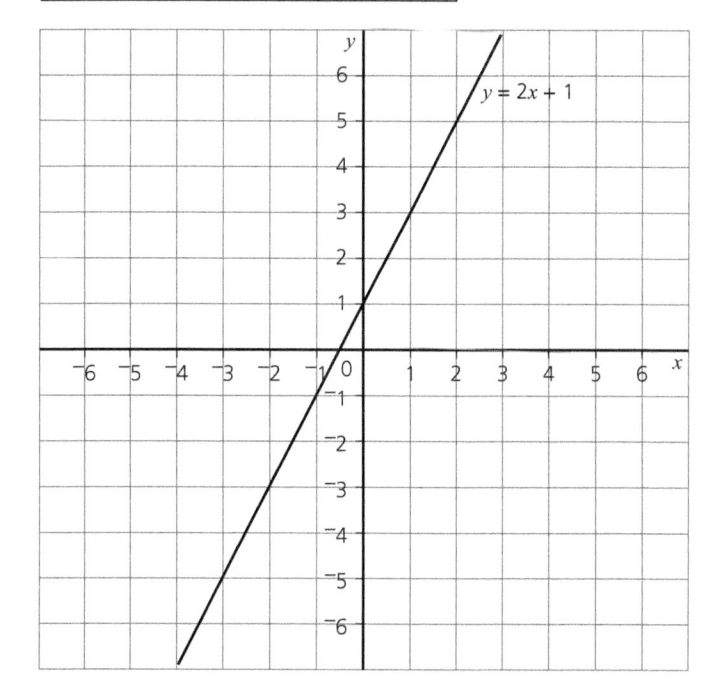

(b) (i) 4

(ii) 0.5

3 (a)

x	-2	-1	0	1	2
y	5	4	3	2	1

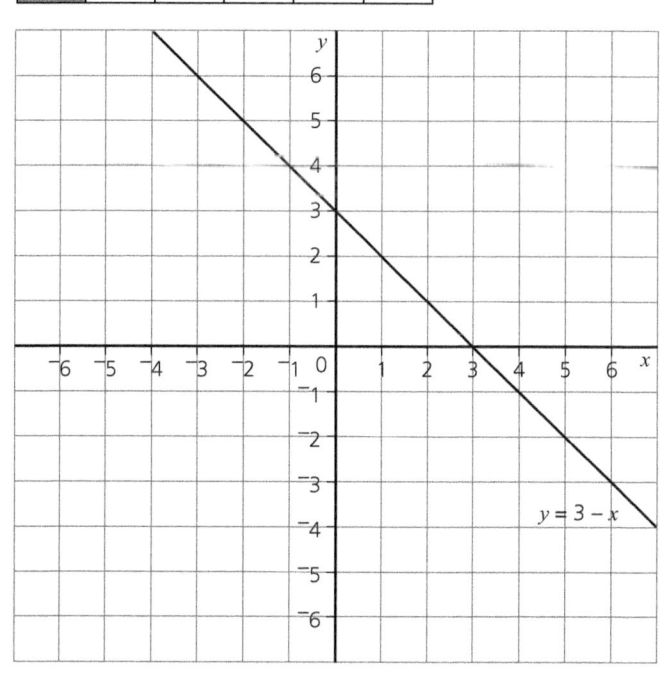

(b) (i) 3.5

(ii) 0.5

15 Straight-line graphs

4 (a)

x	-1	0	1	2	3
y	-2	1	4	7	10

(b) (i) 8.5
(ii) 1.33

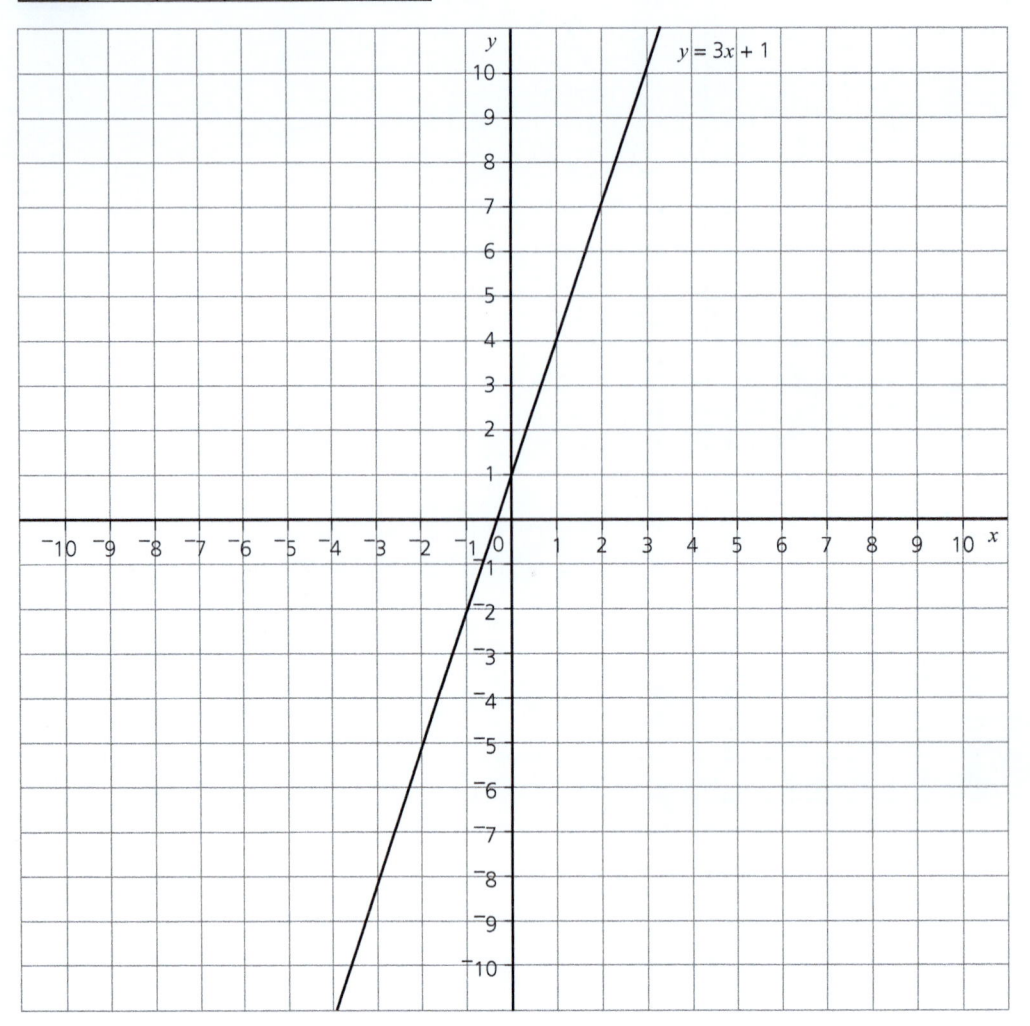

5 (a)

x	-2	-1	0	1	2
$2x$	-4	-2	0	2	4
y	-7	-5	-3	-1	1

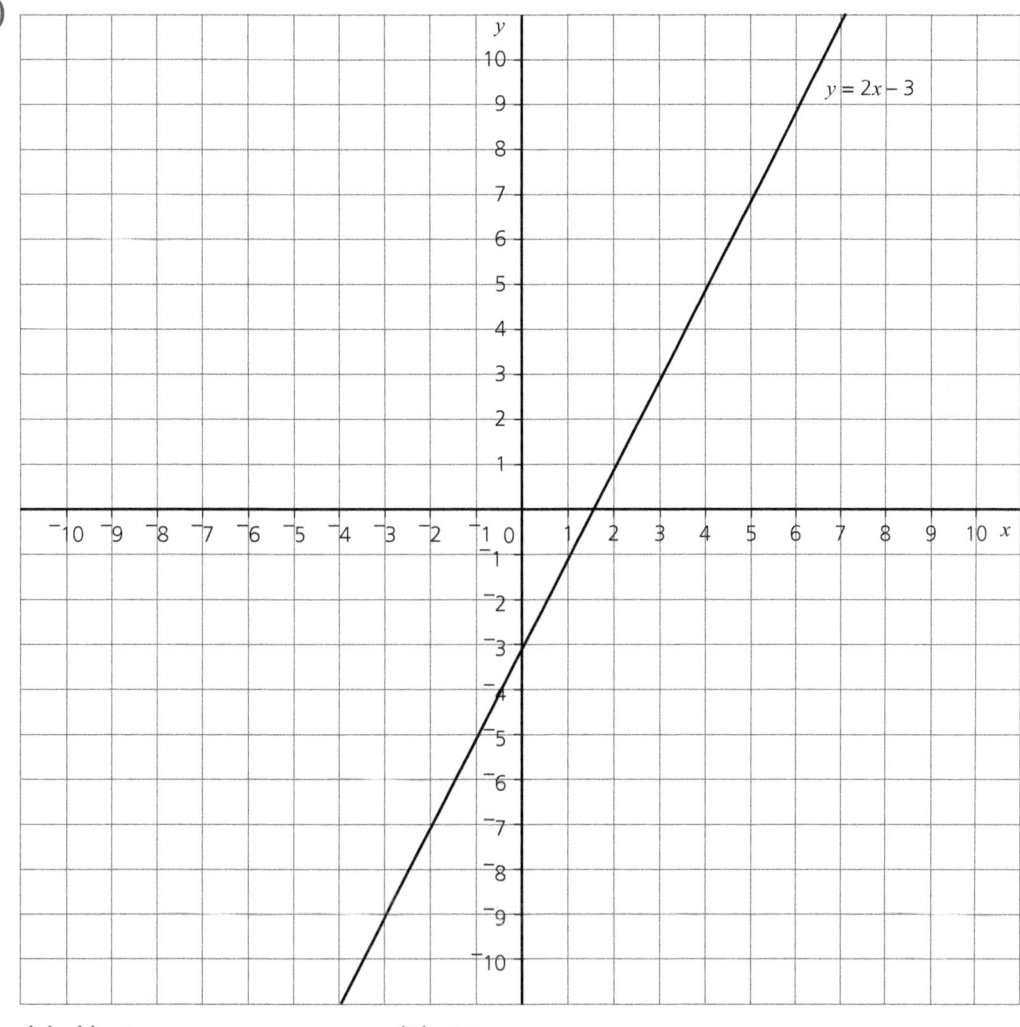

(b)

(c) (i) 0   (ii) 0.5

6 (a)

x	-2	-1	0	1	2
2x	-4	-2	0	2	4
y	8	6	4	2	0

(b) [graph of $y = 4 - 2x$]

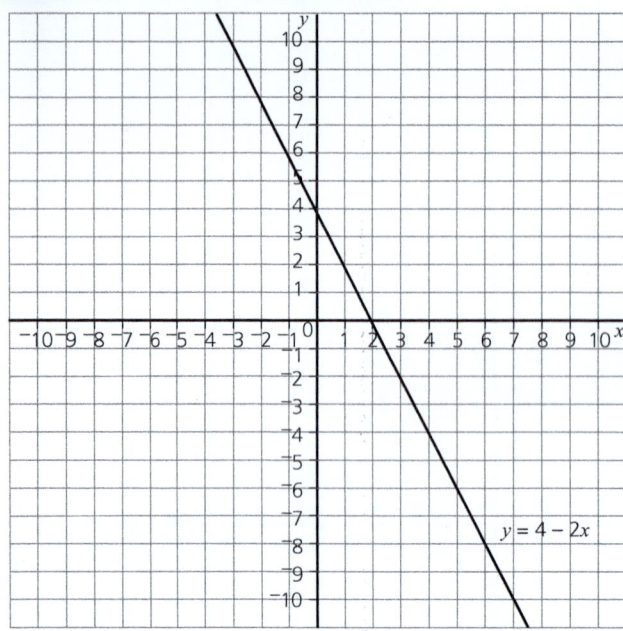

(c) (i) 7 (ii) $-\frac{1}{2}$, -0.5

7 (a)

x	-3	-2	-1	0	1	2	3
y	3.5	3	2.5	2	1.5	1	0.5

(b) [graph of $y = 2 - \frac{x}{2}$]

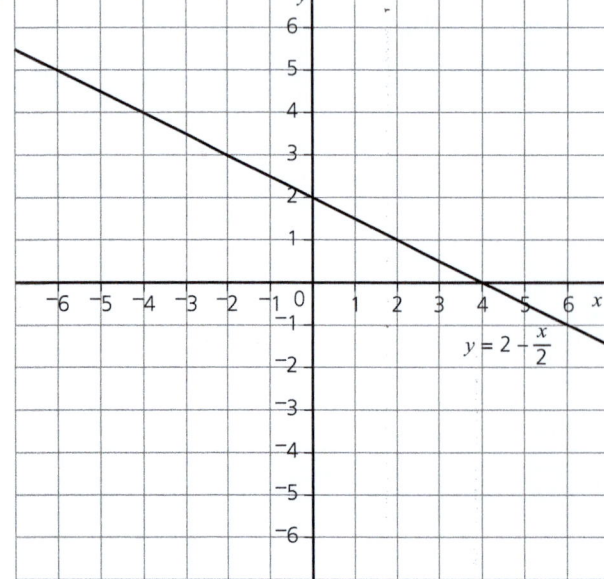

(c) (i) 1.25 (ii) 5.55

8 (a)

x	-3	-2	-1	0	1	2	3
y	-4.5	-4	-3.5	-3	-2.5	-2	-1.5

(b) $y = \dfrac{x}{2} - 3$

(c) (i) -2.25 (ii) 3

Extension Exercise 15.8

1 (-2, 2), (0, 3), (2, 4), (4, 5)　　　　　　　　$y = \dfrac{x}{2} + 3$
2 (-1, -1), (0, 1), (1, 3), (2, 5)　　　　　　　　$y = 2x + 1$
3 (-3, 4), (-2, 3), (-1, 2), (0, 1), (1, 0), (2, -1), (3, -2)　　$y = 1 - x$
4 (-2, 6), (-1, 4), (0, 2), (1, 0), (2, -2)　　　　$y = 2 - 2x$
5 (-2, 4), (0, 3), (2, 2), (4, 1)　　　　　　　　$y = 3 - \dfrac{x}{2}$
6 The number term should be where the line cuts the y-axis.
7 The positive x terms slope up to the right and the negative ones slope up to the left.
8 The higher the coefficient of x, the steeper the line.

9 (a)–(b)

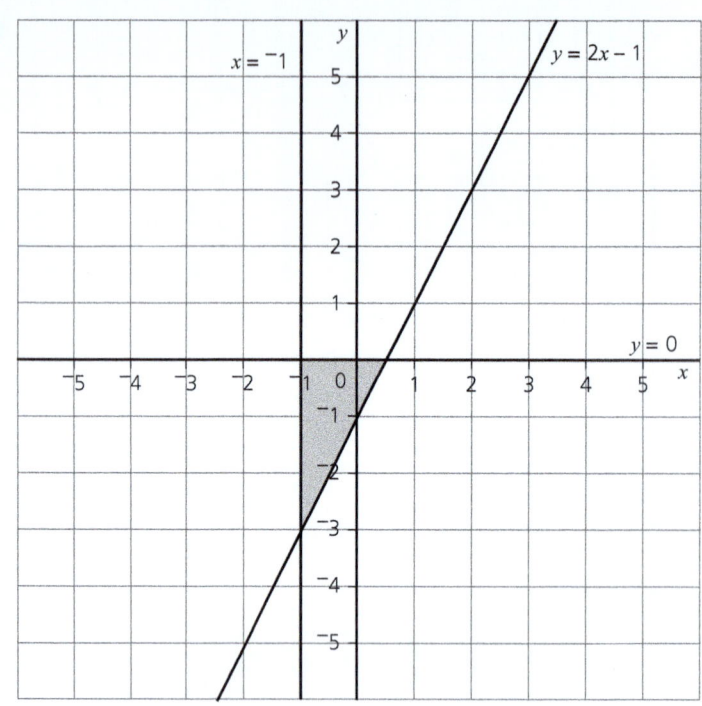

(c) 2.25 square units

10 (a)–(b)

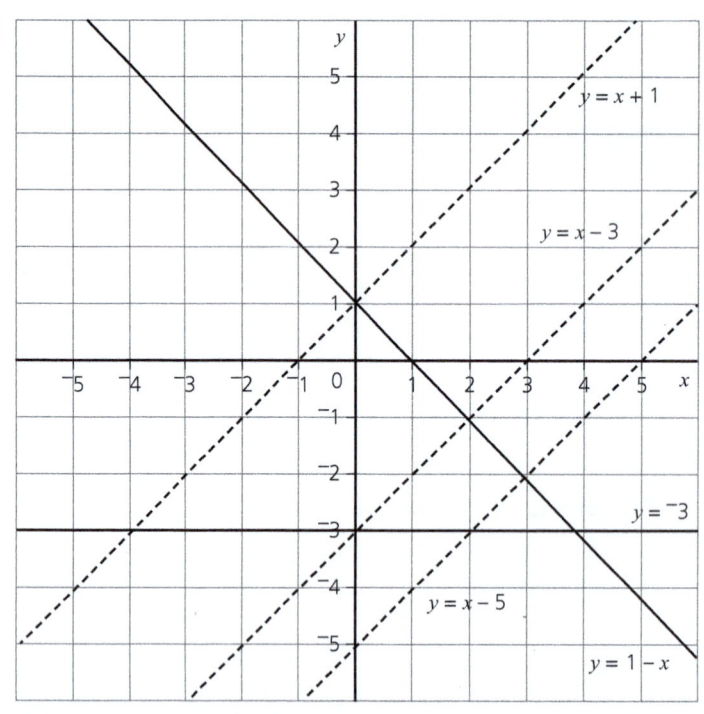

(c)–(e) There is no single correct answer – there are numerous possibilities. Check pupils' answers. Possible answers are shown above with broken lines.

11 (a)–(c)

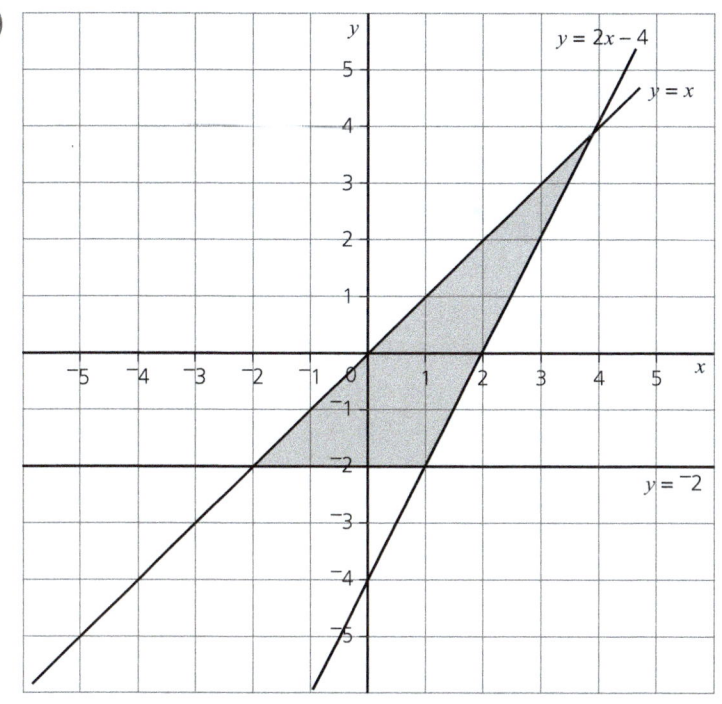

(d) $y = -2$

Summary Exercise 15.9

1 (a) 9   (b) -5   (c) 7   (d) -1   (e) -3   (f) 6   (g) 7

2

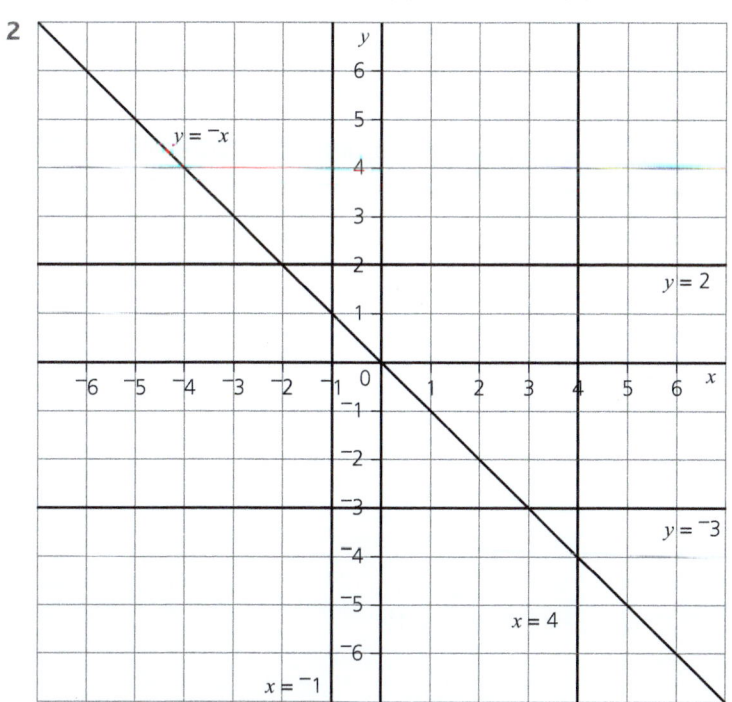

3 (a)

x	-2	-1	0	1	2
$2x$	-4	-2	0	2	4
y	-8	-6	-4	-2	0

(c) (i) (2, 0)
 (ii) (0, -4)

(d) (i) -1
 (ii) 1.75

(b)

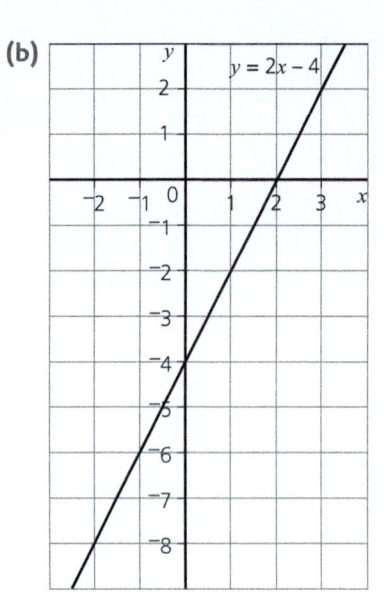

Activity: Real-life graphs

This activity provides a good opportunity to explore graphs in magazines and newspapers and for some cross-curricular work with science and geography.

16 Handling data

There is no reason why a calculator should not be used throughout this chapter; however, use of the statistical functions on a scientific calculator should be treated with some discretion. More able pupils and those that finish quickly will probably enjoy checking their answers with these functions but other pupils can find them more confusing than useful.

Exercise 16.1

1. (a) Range 6; mean 6; median 6; mode 6
   (b) Range 4; mean 3; median 3; mode 3
   (c) Range 12; mean 22; median 20; mode 20
   (d) Range 6; mean 16; median 16; mode 13 and 18
   (e) Range 2.02; mean 1.685; median 2.2; mode 2.22

2. (a) Range 98 − 38 = 60; mean $55\frac{5}{6}$; median 46; mode 46
   (b) Range 5.2 − 4.2 = 1; mean 4.63; median 4.6; mode 4.2
   (c) Range 112 − 100 = 12; mean 107; median 107; mode 104 and 111

3. (a) Range $\frac{3}{4}-\frac{1}{8}=\frac{5}{8}$; mean $\frac{13}{32}$; median $\frac{7}{16}$; mode $\frac{1}{8}$ and $\frac{1}{2}$
   (b) Range $2\frac{3}{4}-1\frac{3}{4}=1$; mean $2\frac{1}{4}$; median $2\frac{1}{4}$; mode $2\frac{1}{4}$
   (c) Range $7\frac{1}{5}-5\frac{2}{5}=1\frac{4}{5}$; mean $6\frac{14}{25}$; median = $6\frac{3}{4}$; mode $7\frac{1}{5}$

4. Both are 16

5. 10 years 10 months

6. 378

7. 1265 grams

8. (a) 301 kg   (b) 340 kg   (c) 42.5 kg

9. 4, 4, 4, 4, 6, 6, 6, 7, 7, 7

10. (a) 183 years 9 months
    (b) 11 years 7 months

Exercise 16.2

Pupils can find the concept of working from a frequency table quite difficult. Explain question 3 carefully before pupils attempt it by themselves.

1 (a)

Mark	Tally	Frequency
16	IIII	4
17	III	3
18	III	3
19	III	3
20	III	3
21	II	2
22	II	2
23	I	1
24	II	2
25	I	1
Total		24

(b) Range: 25 − 16 = 9

(c) Mean: 19.5; mode: 16; median: 19

(d) No one achieved less than 16! More people (1 more pupil) achieved more than the median mark than achieved less than the median mark.

2 (a)

Heights	Tally	Frequency
12	I	1
13	II	2
14	III	3
15	IIII I	6
16	III	3
17	II	2
18	I	1
Total		18

(b) 15

(c) 18 − 12 = 6

3 (a) 18 − 12 = 6

(b) 16

(c) (i) 20   (ii) 16 and 16   (iii) 16

(d) 305   (e) 15.25

98

4 (a) Range 25 − 17 = 8; mode 22; median 21.5; mean 21.2

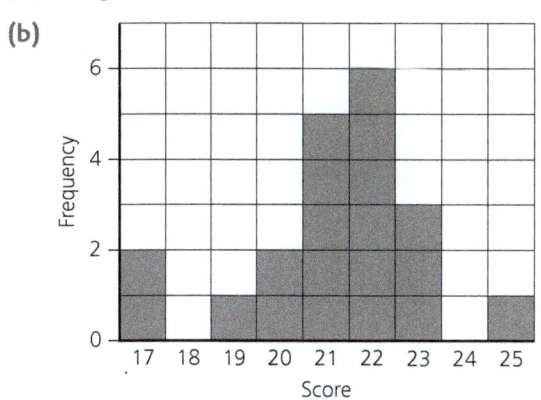

(b)

[Frequency bar chart with Score on x-axis (17–25) and Frequency on y-axis (0–6): 17→2, 18→1, 19→1, 20→3, 21→5, 22→6, 23→3, 24→0, 25→1]

(c) Yes, but you need to work out the total number before you can calculate the mean.

5 (a) 7 − 1 = 6   (b) 3   (c) 3   (d) 3.73

6 (a) Car is the modal vehicle.

Type of vehicle	Tally	Frequency
Car	JHT JHT JHT JHT III	23
Van	JHT II	7
Lorry	I	1
Motorbike	III	3
Bicycle	IIII	4
Total		38

(b) Because the data is not numerical.

Exercise 16.3

1 (a)

Rainfall in April (mm)	Tally	Frequency
0–0.9	JHT II	7
1.0–1.9	JHT I	6
2.0–2.9	JHT IIII	9
3.0–3.9	JHT I	6
4.0–4.9		0
5.0–5.9	I	1
6.0–6.9	I	1
Total		30

(b)

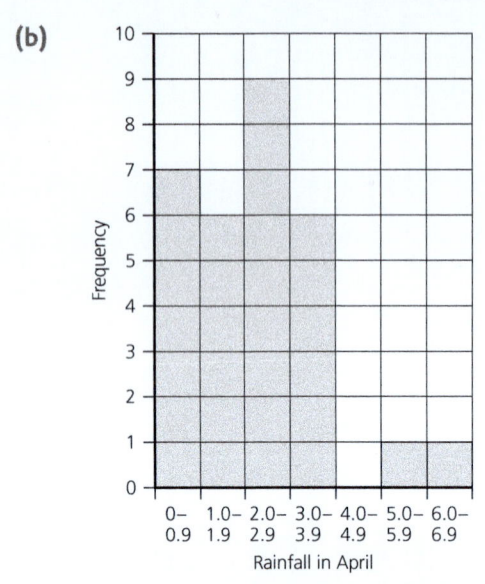

A frequency chart to show the rainfall in April

2

Rainfall in June (mm)	Tally	Frequency
0–0.9	IIII IIII II	12
1.0–1.9	IIII III	8
2.0–2.9	IIII II	7
3.0–3.9	III	3
4.0–4.9		0
5.0–5.9		0
6.0–6.9		0
Total		30

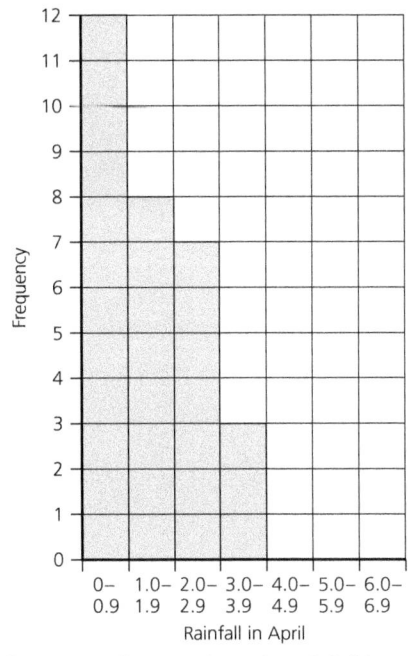

A frequency chart to show the rainfall in June

3 (a) April: range = 6.7; mean = 2.17 (to 2 d.p.)

　　　June: range = 3.2, mean = 1.43

　(b) April 2.0–2.9; June 0–0.9

　(c) In June the weather is drier, with less total rain and more dry days. April has more wet days and more rain overall.

4 (a) 40

(b)

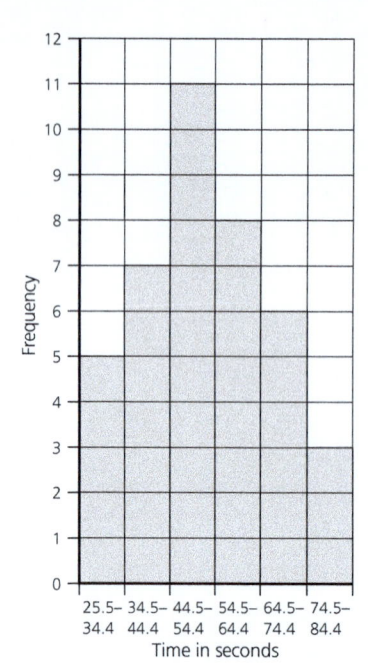

A frequency diagram to show the results of a breath-holding experiment

(c) 44.5–54.4

(d) $\frac{11}{40}$

(e) Check pupils' own results.

(f) Check pupils' own results.

5 (a) Mean = 73%, median = 74.5%

(b)

Mark	Tally	Frequency
50–59	IIII	4
60–69	JHT III	8
70–79	JHT JHT I	11
80–89	JHT I	6
90–99	III	3
Total		32

(c) 70–79%

(d) A frequency diagram to show the results of a maths exam

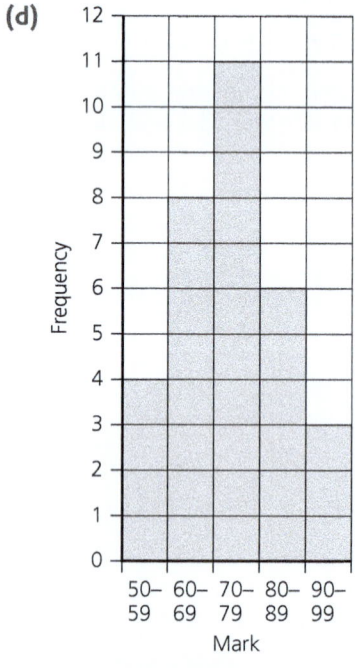

(e)

Mark	Tally	Frequency
50–59	JHT IIII	9
60–69	JHT JHT IIII	14
70–79	JHT JHT JHT	15
80–89	JHT II	7
90–99	III	3
Total		48

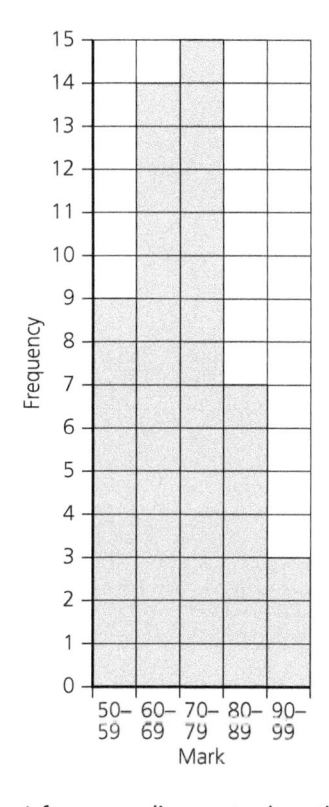

A frequency diagram to show the results of a maths exam

(f) Almost all the new marks are under 75 so this moves the graph more to the lower values.

(g) Mean is 70%, median is 70.5% and modal group is 70–79%

(h) The second class is smaller and of lower ability.

Exercise 16.4

1 (a)

Number of brothers and sisters	Frequency	Calculation	Angle
0	9	$\frac{360}{36} \times 9$	90°
1	12	$\frac{360}{36} \times 12$	120°
2	9	$\frac{360}{36} \times 9$	90°
3	5	$\frac{360}{36} \times 5$	50°
4	1	$\frac{360}{36} \times 1$	10°
Total	36		360°

(b)

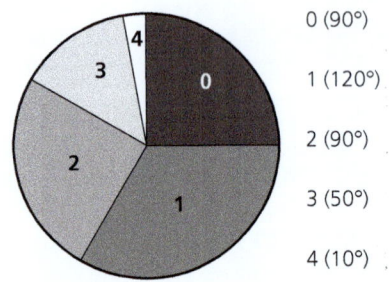

0 (90°)
1 (120°)
2 (90°)
3 (50°)
4 (10°)

A pie chart to show the number of brothers and sisters in a year group

2 (a), (b)

Number of hours	Frequency	Calculation	Angle
0–2	1	$\frac{360}{30} \times 1$	12°
2–4	3	$\frac{360}{30} \times 3$	36°
4–6	5	$\frac{360}{30} \times 5$	60°
6–8	12	$\frac{360}{30} \times 12$	144°
8–10	6	$\frac{360}{30} \times 6$	72°
More than 10	3	$\frac{360}{30} \times 3$	36°
Total	30		360°

(c)

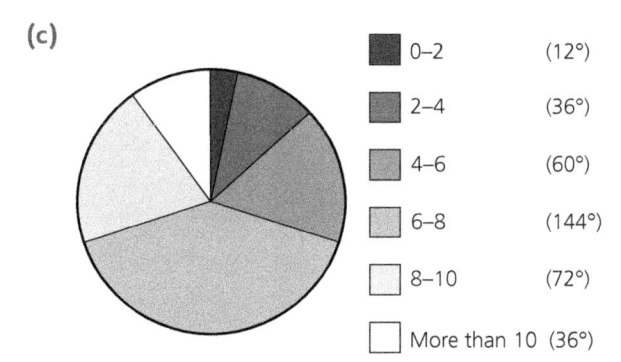

- 0–2 (12°)
- 2–4 (36°)
- 4–6 (60°)
- 6–8 (144°)
- 8–10 (72°)
- More than 10 (36°)

A pie chart to show the number of hours spent watching television

3 (a)

Programme	Percentage	Calculation	Angle
Star Factory	43%	0.43 × 360	155°
The Dance Factor	35%	0.35 × 360	126°
Bake it!	9%	0.09 × 360	32°
The News	5%	0.05 × 360	18°
Other	8%	0.08 × 360	29°
Total	100%		360°

(b)

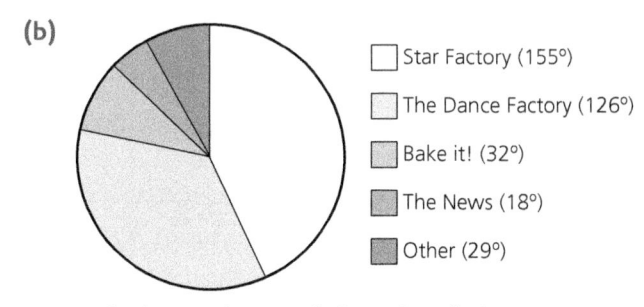

- Star Factory (155°)
- The Dance Factory (126°)
- Bake it! (32°)
- The News (18°)
- Other (29°)

A pie chart to show pupils favourite television programmes

16 Handling data

105

4 (a)

Activity	Number	Calculation	Angle
Television	53	$\frac{360}{220} \times 53$	87°
Computer	46	$\frac{360}{220} \times 46$	75°
Sport (F/R)	35	$\frac{360}{220} \times 35$	57°
Sport (T/B)	22	$\frac{360}{220} \times 22$	36°
Riding	14	$\frac{360}{220} \times 14$	23°
Reading	12	$\frac{360}{220} \times 12$	20°
Art etc.	8	$\frac{360}{220} \times 8$	13°
Music	6	$\frac{360}{220} \times 6$	10°
Other	24	$\frac{360}{220} \times 24$	39°
Total	220		360°

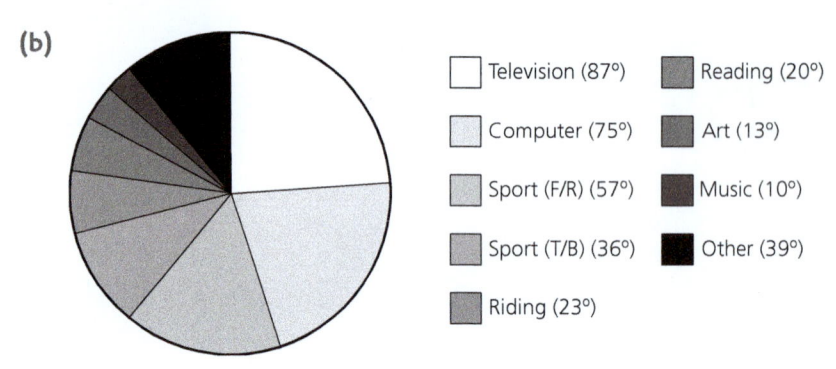

(b)

- Television (87°)
- Computer (75°)
- Sport (F/R) (57°)
- Sport (T/B) (36°)
- Riding (23°)
- Reading (20°)
- Art (13°)
- Music (10°)
- Other (39°)

A pie chart to show how pupils spend their free time

(c) 10%   (d) 45%   (e) $\frac{7}{110}$

Exercise 16.5

1 At first it appears as if you are estimating the fractions, but once you have the total of 48 in a class then the numbers must be whole numbers and there is only one answer.

   (a) $\frac{1}{3}$ (b) $\frac{1}{4}$ (c) $\frac{1}{4}$ (d) 48   (e) 2

2 (a) $\frac{7}{18}$ (b) 411

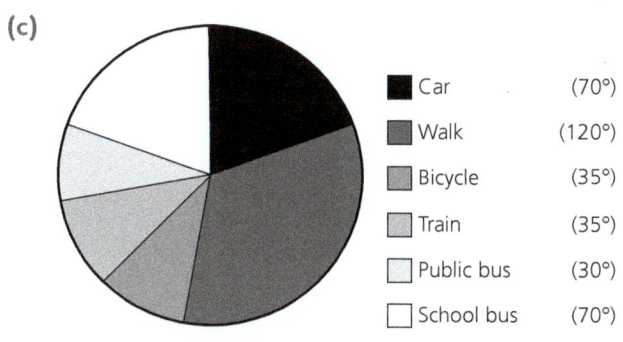

  (c)

Car	(70°)
Walk	(120°)
Bicycle	(35°)
Train	(35°)
Public bus	(30°)
School bus	(70°)

A pie chart to show how we come to school

3 (a) Europe   (c) one eighth

  (b) about one tenth   (d) 98

4 Check pupils' own answers.

Exercise 16.6

1 (a) and (b)

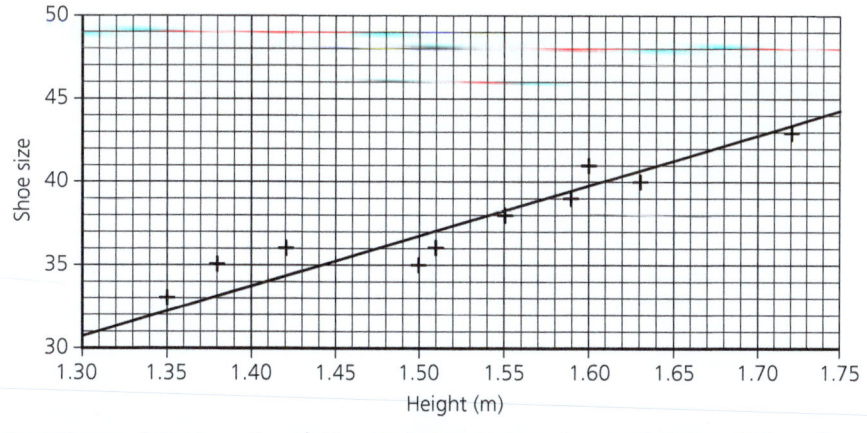

A scatter graph to show the relationship between shoe sizes and heights of 10 pupils

(c) This graph shows a positive correlation.

2 (a) and (b)

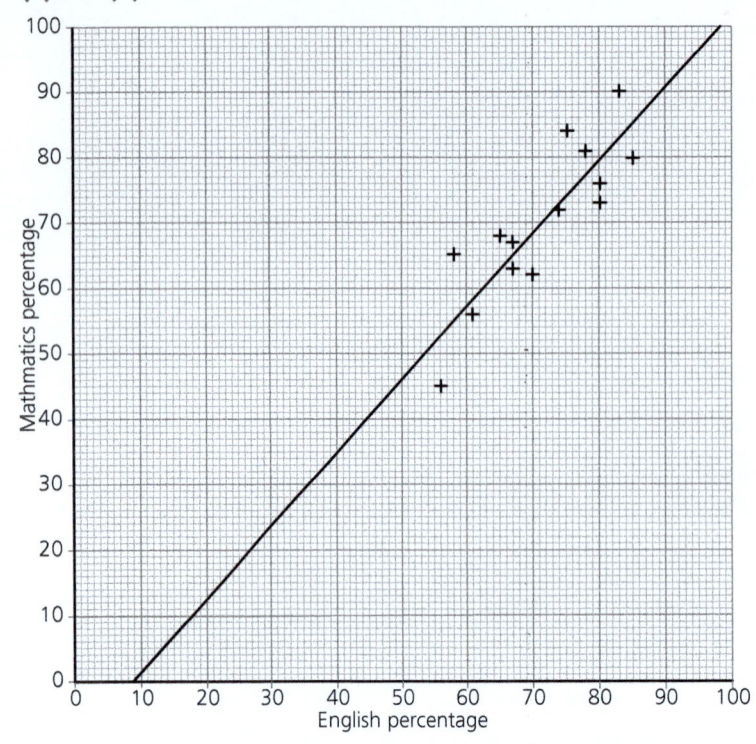

A scatter graph to show the relationship between the marks scored in Maths and English exams

(c) There is a positive correlation between the two sets of marks.

3 (a)

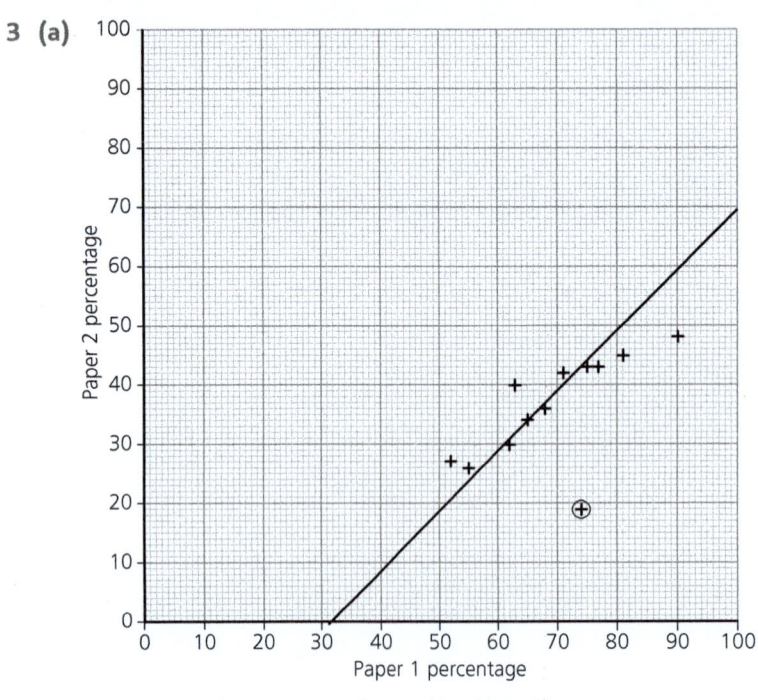

(b) See the point circled in graph.
(c) See graph for line of best fit.
(d) 54%

A scatter graph to compare the marks achieved in two papers

16 Handling data

108

Extension Exercise 16.7

1. $20x$
2. $125x$
3. (a) $\frac{1980}{x}$ (b) $\frac{165}{x}$
4. (a) $x + x + 2 + x - 5 = 3x - 3$
   (b) $\frac{3x-3}{3} = 12; x = 13$
5. (a) 0 (No 11-year-olds gives 12 children with a total age of 120 and average 10 exactly.)
   (b) 19, 7 (c) 5, 17
6. (a) 1 (b) none
7. 21
8. (a) $\frac{x}{12}$ (b) $\frac{x}{12} = 19$ 228
9. (a) $1.75x$ (b) $\frac{3x}{4}$ (c) $\frac{x}{12}$

   (d)

Days off	0	1	2	3	4	5
People	$\frac{x}{4}$	$\frac{x}{3}$	$\frac{x}{6}$	0	$\frac{x}{6}$	$\frac{x}{12}$

   (e) $\frac{x}{4} - 24 = \frac{x}{12}$; 144

Summary Exercise 16.8

1. (a) Range 5, mean $5\frac{1}{3}$; median 5; mode 4
   (b) Range 0.9, mean 1.9; median 1.9; mode 2.1
   (c) Range 1.7; mean 13.4; median 13.5; mode 14.1
2. (a) 10 years 11 months
   (b) 11 years 11 months

3 (a)

Mark	Tally	Frequency
11	I	1
12	I	1
13	II	2
14	III	3
15	IIII	4
16	III	3
17	II	2
18	I	1
19	I	1
Total		18

(b) Mean: 15; mode: 15; median: 15

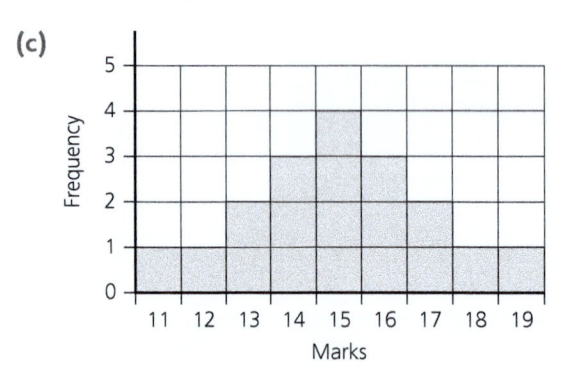

(c)

A frequency diagram to show marks achieved in a recent mental arithmetic test

4 (a) 36   (c) 83   (e) 3
   (b) 12   (d) 263   (f) 3.2 approximately

5 (a)

Rainfall	Tally	Frequency
0–0.9	JHT JHT IIII	14
1.0–1.9	III	3
2.0–2.9	IIII	4
3.0–3.9	JHT	5
4.0–4.9		0
5.0–5.9	III	3
6.0–6.9	I	1
Total		30

(b)

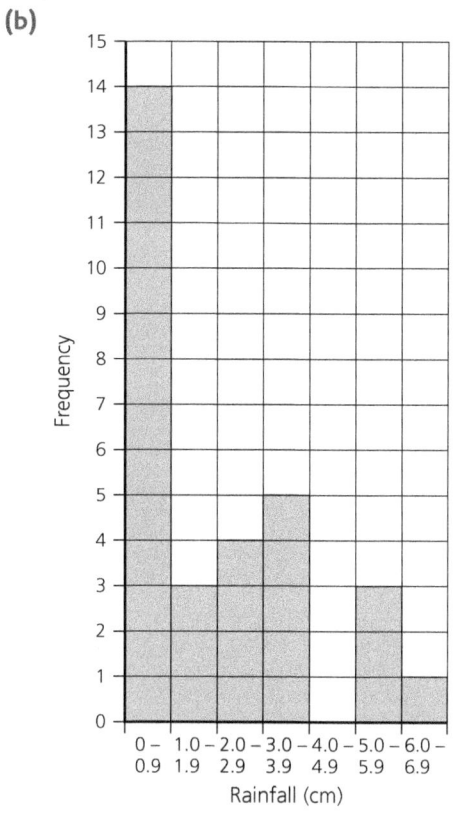

A frequency diagram to show the daily rainfall in September

(c) Range is 6.3 cm, mean is 1.90 cm to 2 d.p.

Activity	Amount	Calculation	Angle
More than 10	17	$\frac{17}{175} \times 360°$	35°
8 or 9	25	$\frac{25}{175} \times 360°$	51.5°
6 or 7	20	$\frac{20}{175} \times 360°$	41°
4 or 5	58	$\frac{58}{175} \times 360°$	119°
2 or 3	43	$\frac{43}{175} \times 360°$	88.5°
Less than 2	12	$\frac{12}{175} \times 360°$	25°
Total	175		360°

(b)

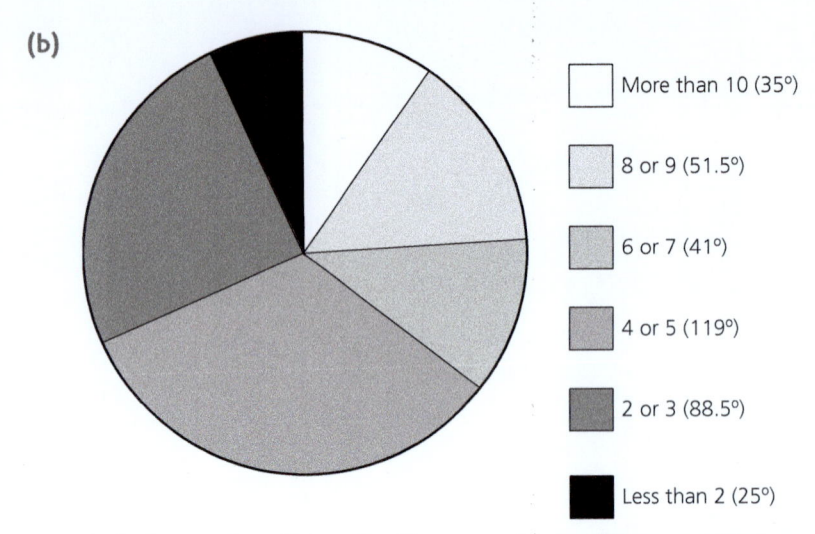

A pie chart to show the results of how many books children read this term

Legend:
- More than 10 (35°)
- 8 or 9 (51.5°)
- 6 or 7 (41°)
- 4 or 5 (119°)
- 2 or 3 (88.5°)
- Less than 2 (25°)

(c) 9.7% (or 10%)

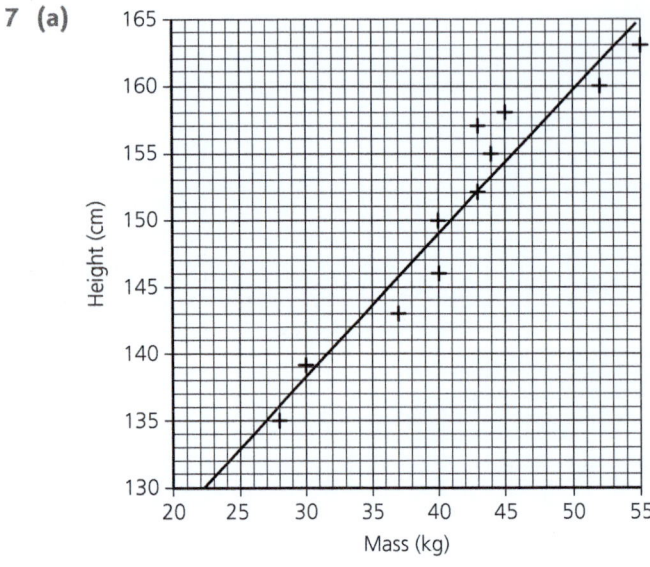

7 (a)

A scatter graph to show the comparison of heights against the masses of people in my class

(b) See graph above for line of best fit.

(c) About 44 kg

Activity: A traffic survey

It may be that this is the time to work with the geography department on the mathematics requirement for the pupils' fieldwork.

17 Transformations

Although pupils have met this topic before, in this chapter they will revise and extend their knowledge, and work with problems that combine the four transformations.

Exercise 17.1

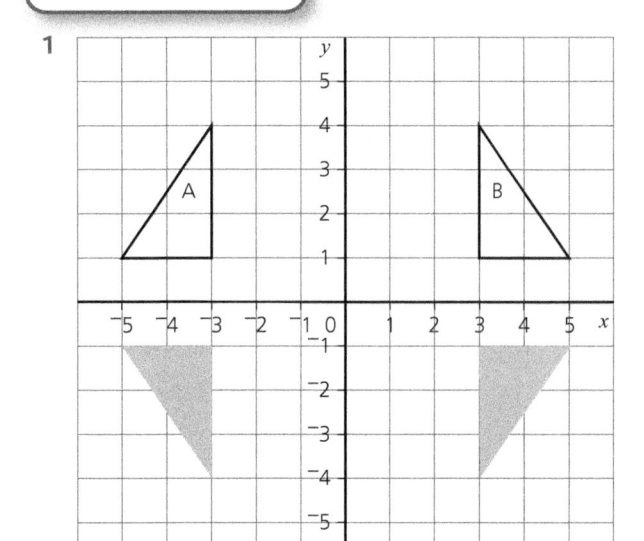

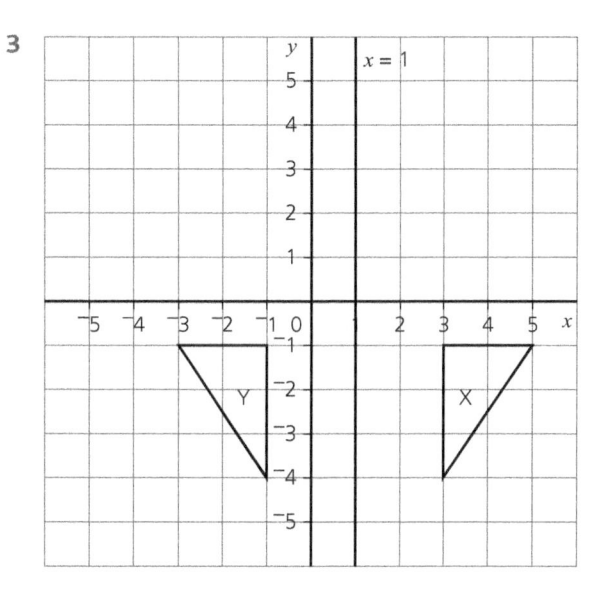

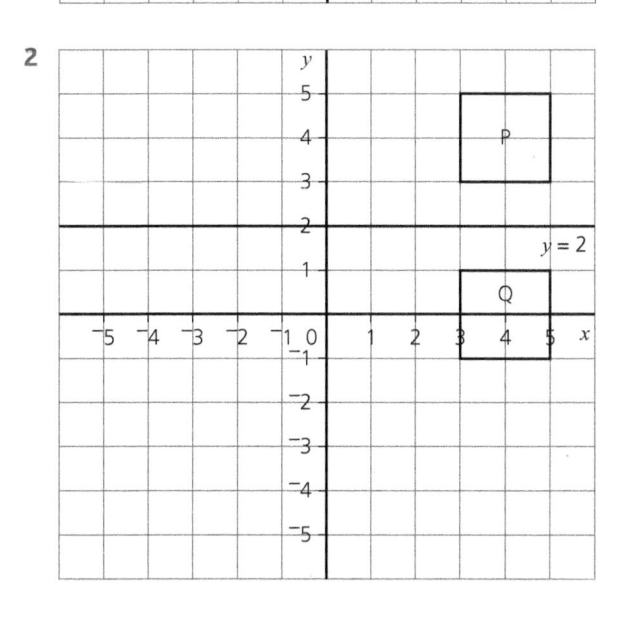

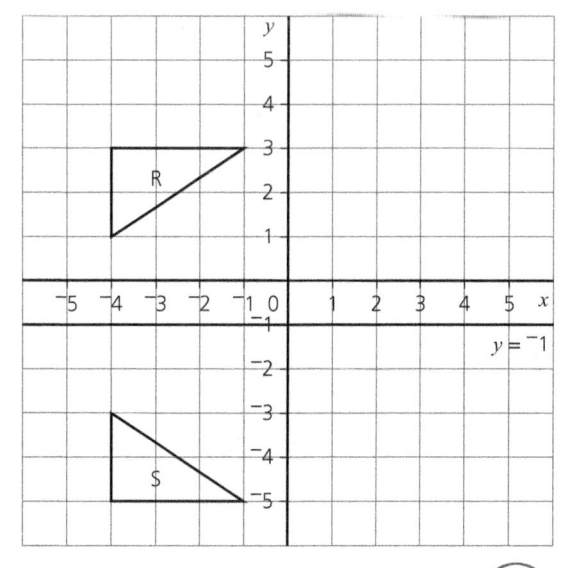

1.

2.

3.

4.

113

5

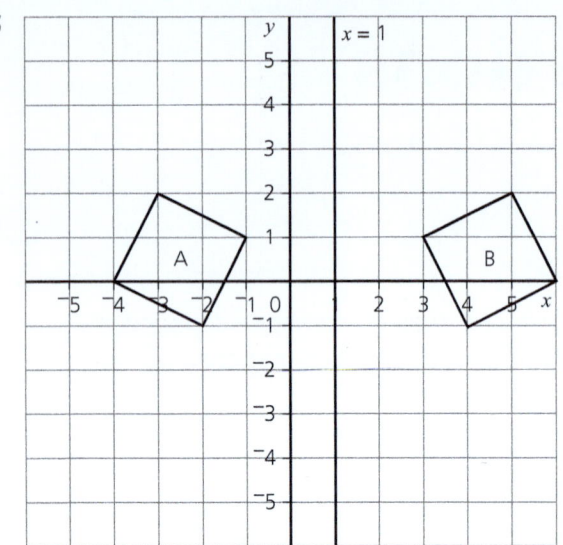

6

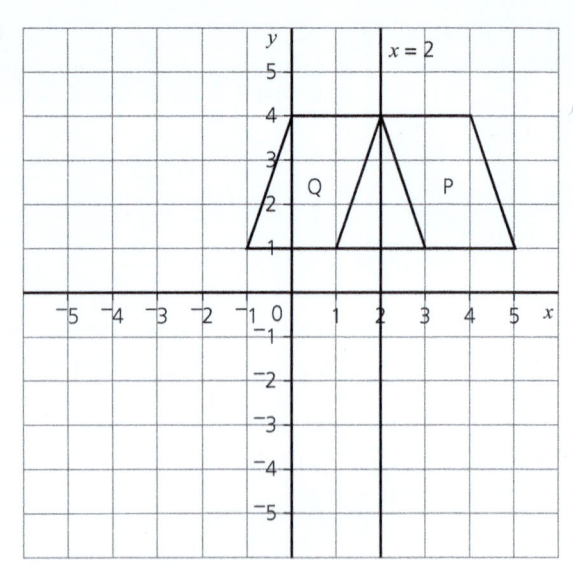

7 (a) Reflection in the line $x = 0$
   (b) Reflection in the line $y = 1$
   (c) Reflection in the line $x = \frac{1}{2}$
   (d) Reflection in the line $y = -\frac{1}{2}$

8 (a) Reflection in the line $x = -1\frac{1}{2}$
   (b) Reflection in the line $x = 0$
   (c) Reflection in the line $x = 2\frac{1}{2}$
   (d) Reflection in the line $y = 1$
   (e) Reflection in the line $y = 1\frac{1}{2}$

Exercise 17.2

1 (a)–(c)

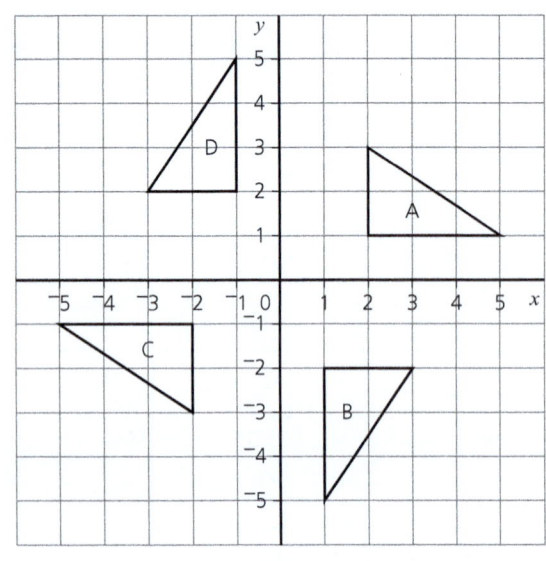

2 (a)–(c)

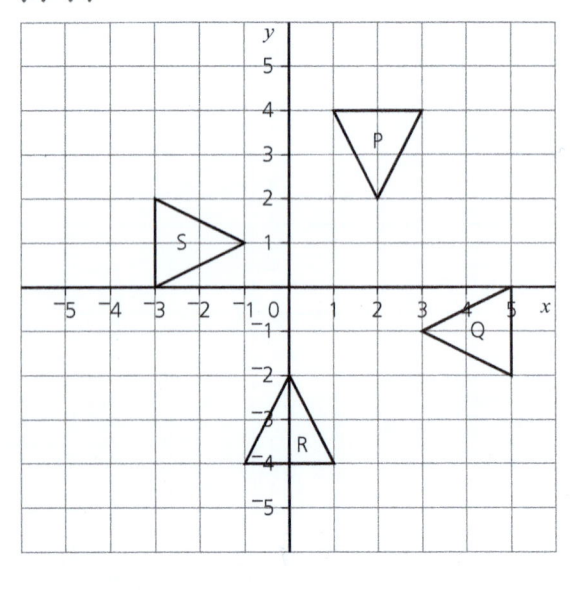

17 Transformations

114

3 (a)–(c)

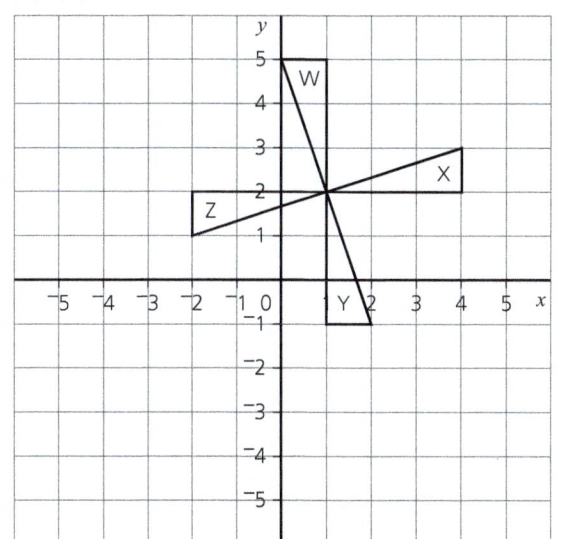

5

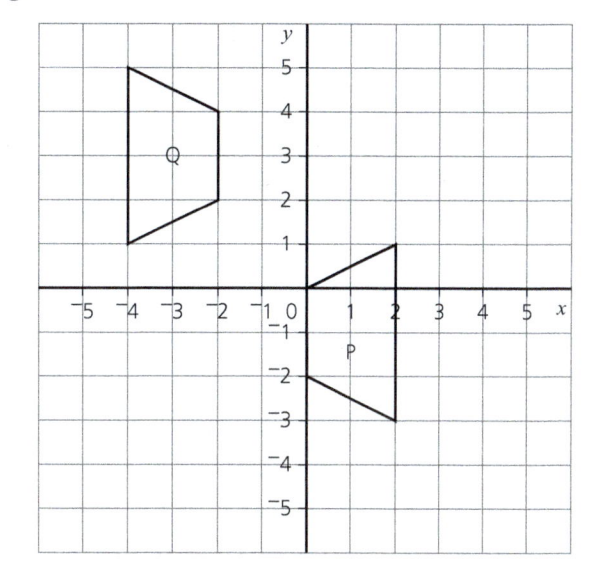

4

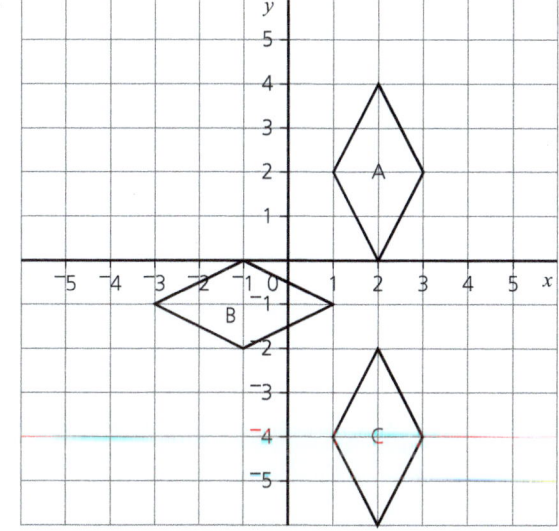

6

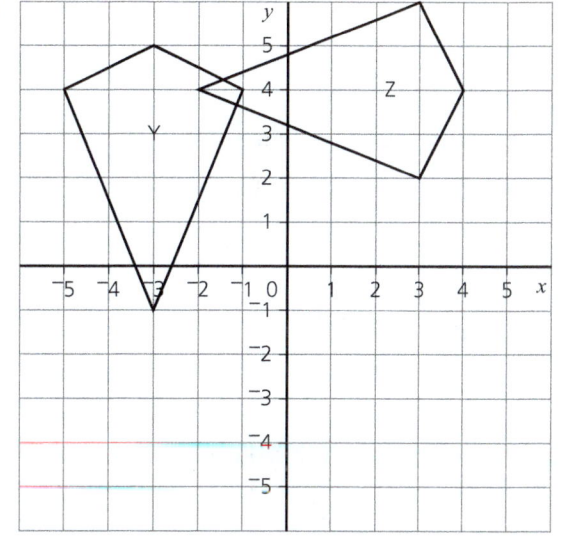

7 (a) Rotation through 180° about (3, 3)

(b) Rotation through 90° anticlockwise about (⁻3, ⁻1)

(c) Rotation through 180° about (⁻2, 2)

(d) Rotation through 90° anticlockwise about (⁻1, 2)

(e) Rotation through 180° about $(2\frac{1}{2}, \frac{1}{2})$

8 (a) Rotation through 180° about (⁻4, 2)

(b) Rotation through 180° about $(⁻4, \frac{1}{2})$

(c) Rotation through 180° about (⁻2, 1)

(d) Rotation through 90° clockwise about (0, ⁻2)

(e) Rotation through 180° about $(3\frac{1}{2}, 1)$

9 A rotation through 180° about the same point.

10 A reflection in the line $y = 2$

Exercise 17.3

1. (a) Translation through 6 units to the right, 1 unit down
   (b) Translation 5 units to the right, 5 units up
   (c) Translation 5 units to the right, 2 units down
   (d) Translation 7 units down
   (e) Translation 6 units to the left, 8 units up

2. (a) Translation 6 units to the right
   (b) Translation 3 units to the right
   (c) Translation 6 units to the right, 5 units up
   (d) Translation 5 units down
   (e) Translation 7 units to the right, 1 unit down
   (f) Translation 7 units to the left, 6 units up

3. (a)–(c)

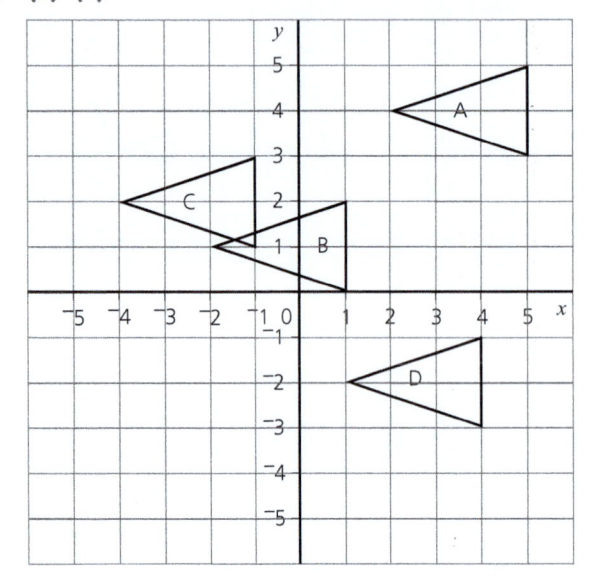

4. (a)–(c)

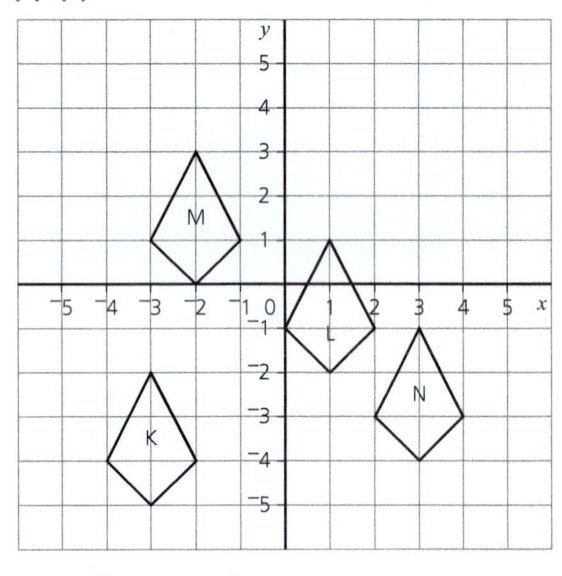

(d) Translation 1 unit to the right, 6 units up

(d) Translation 3 units to the right, 2 units down

Exercise 17.4

1. (a) Reflection in the line $y = 1$
   (b) Rotation through 180° about (⁻1, ⁻2) or 90° anticlockwise (⁻1, 1) or reflection in line $x = ⁻1$
   (c) Translation 1 unit to the right, 4 units up
   (d) Enlargement by scale factor 2 centre (0, 1)

2 (a) Reflection in the line $y = 2$; or rotation of 180° about $(^-4, 2)$

   (b) Rotation through 90° clockwise about $(^-4, ^-2)$

   (c) Translation 6 units to the right, 1 unit down

   (d) Rotation through 180° about $(^-1, 1\frac{1}{2})$

3 (a) Reflection in the line $x = 1$

   (b) None

   (c) Rotation through 90° anti-clockwise about $(1, 1)$

   (d) Translation 1 unit to the left, 6 units down

4 (a) Enlargement by scale factor 2 centre $(^-5, 3)$

   (b) Rotation through 180° about $(^-1, 3)$

   (c) Reflection in the line $y = 1$

   (d) Translation 3 units to the right, 4 units down

   (e) Reflection in the line $x = \frac{1}{2}$

   (f) Rotation through 180° about $(\frac{1}{2}, 1)$

5 (a)–(c)

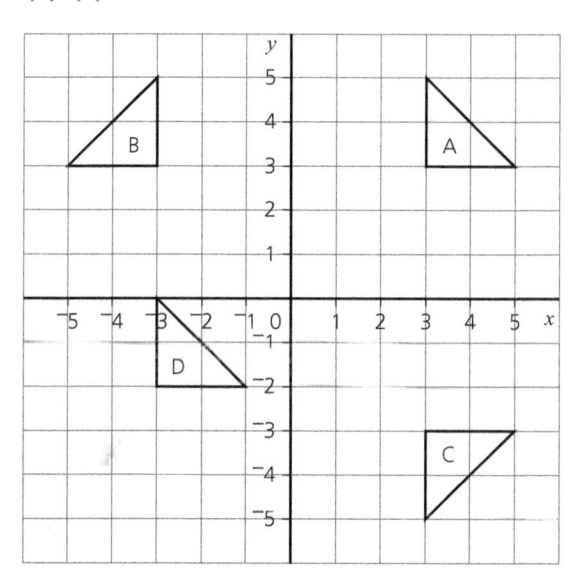

   (d) Rotation through 180° about origin $(0, 0)$ or reflection in the line $y = x$

17 Transformations

117

6 (a)–(c)

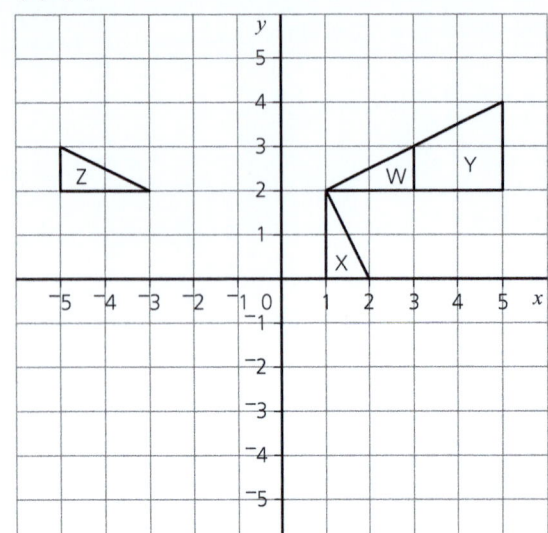

8 (a)–(c)

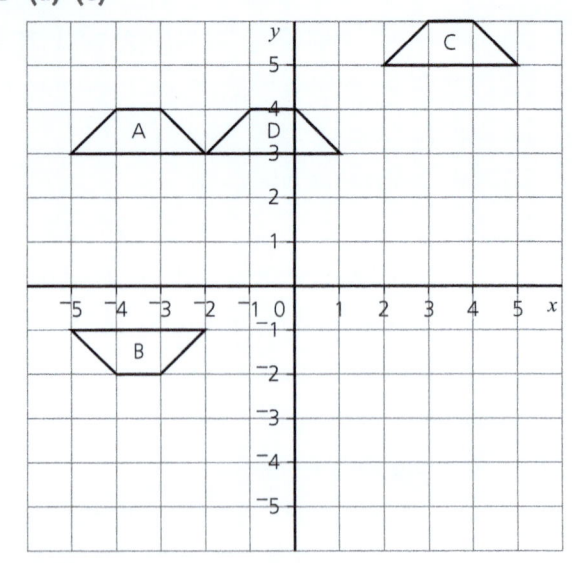

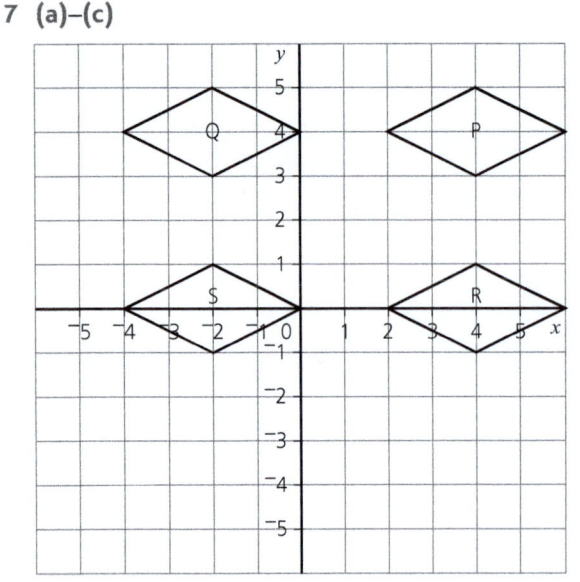

(d) Reflection in the line $x = -2$
(e) Rotation of 180° about $(-2, 1)$

7 (a)–(c)

9 (a), (b), (d) and (e)

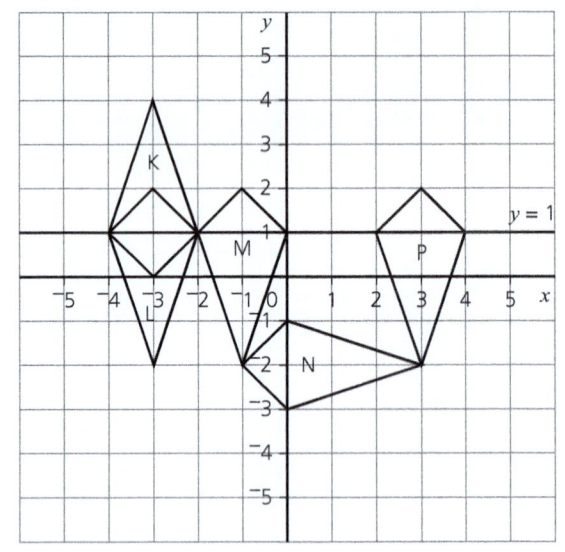

(d) Rotation through 180° about (1, 2) or translation 6 units to the right, 4 units down

(e) Translation 4 units down, or rotation through 180° about (−2, 2), or reflection in the line $y = 2$

(c) Translation 2 units to the right or reflection in the line $x = -2$

(f) Rotation through 90° clockwise about (3, −2) or reflection in the line $y = 1 - x$

10 (a)–(c)

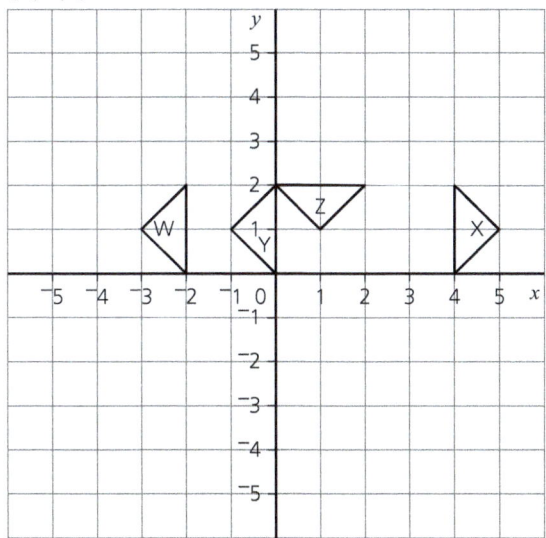

Extension Exercise 17.5

Object	Co-ordinates	Image after reflection in $y = x$	Image after reflection in $y = ⁻x$
Triangle A	(0, ⁻2)	(⁻2, 0)	(2, 0)
	(0, 2)	(2, 0)	(⁻2, 0)
	(⁻2, ⁻2)	(⁻2, ⁻2)	(2, 2)
Triangle B	(2, 4)	(4, 2)	(⁻4, ⁻2)
	(2, 2)	(2, 2)	(⁻2, ⁻2)
	(6, 2)	(2, 6)	(⁻2, ⁻6)

In $y = x$ the co-ordinates swap over (are reversed). For $y = ⁻x$ they swap over and change their sign.

2 (a) Triangle B is a reflection of triangle A, but there is no reflection line because B is also rotated.

(b) A rotation through 90° anticlockwise about (⁻1, 4)

(c) There are several possible answers, e.g. reflection in the y-axis followed by a rotation through 90° clockwise about (4, 1)

(d) There are several possible answers, e.g. reflection in $y = 2$ followed by a rotation through 90° clockwise about (1, 6)

3 (a) Reflection in $x = ⁻1$

Rotation through 180° about (⁻1, 4)

Rotation through 90° clockwise about (⁻1, 1)

Rotation through 90° anti-clockwise about (⁻1, 7)

Translation 6 units to the right

119

(b) Reflection in $x = 1$

Rotation through 90° clockwise about $(1, ^-2)$

(c) Reflection in $x = ^-1$

First pair has most because squares have 4 lines of symmetry and rotational symmetry.

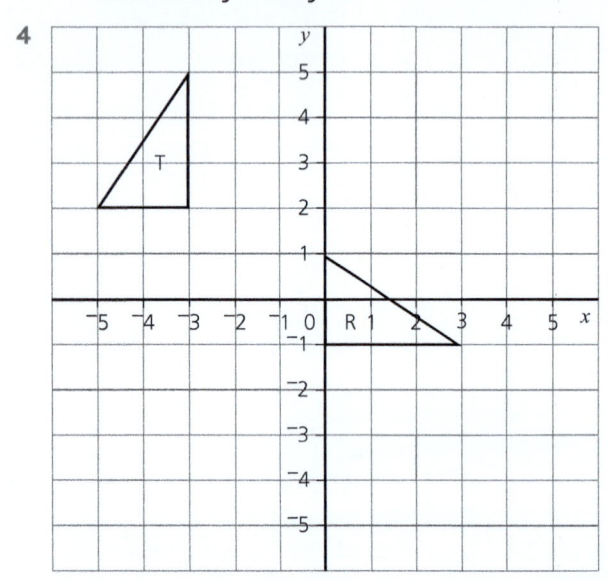

4

Possible solutions to the second part of this question are:

(i) Reflect R in the line $y = ^-1$, reflect T in the line $y = x + 2$ or

(ii) Reflect R in the line $y = x + 2$, reflect T in the line $x = ^-1$

5 (a) Reflection in the line FC

(b) Rotation through 60° anticlockwise about E.

(c) Several possible answers, including: reflection in AC to △Q, or rotation of 120° anticlockwise about the centre.

(d) All except triangles T and V.

N by a reflection in BE

P by a rotation through 180° about the right-angled vertex

Q by a reflection in AC

R by a rotation through 60° clockwise about A

S by a reflection in AD

U by a rotation through 60° anticlockwise about C

W by a rotation through 120° clockwise about the centre

Summary Exercise 17.6

1. (a) Reflection in $y = 2$ or rotation through 90° anti-clockwise about $(-2, 2)$
   (b) Enlargement by scale factor 2 centre $(4, 0)$
   (c) Rotation through 180° about $(3, 3)$
   (d) Rotation through 180° about $(3, 0)$
   (e) Translation through 6 units up
   (f) Translation through 6 units to the left, 4 units down

2. (a)–(c)

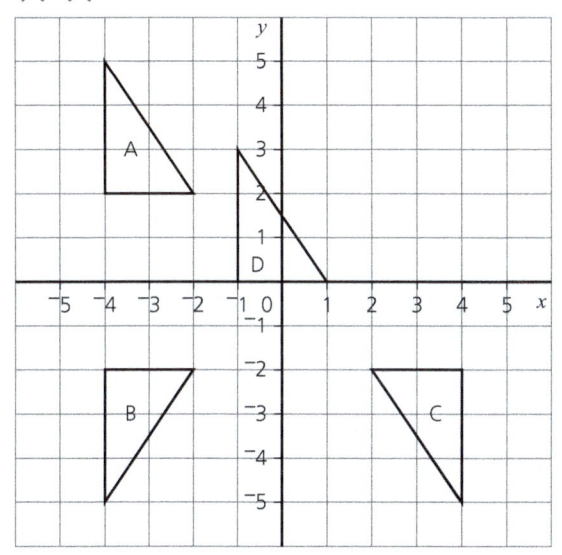

3. (a)–(c)

4. (a), (b)
   (c) An enlargement by scale factor 3, centre $(1, 2)$ 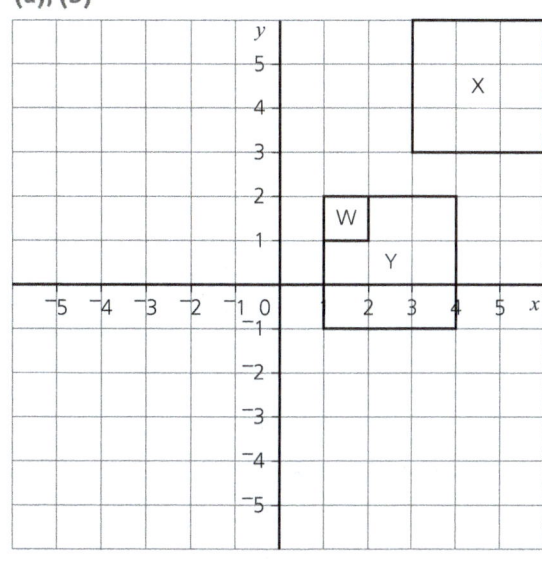

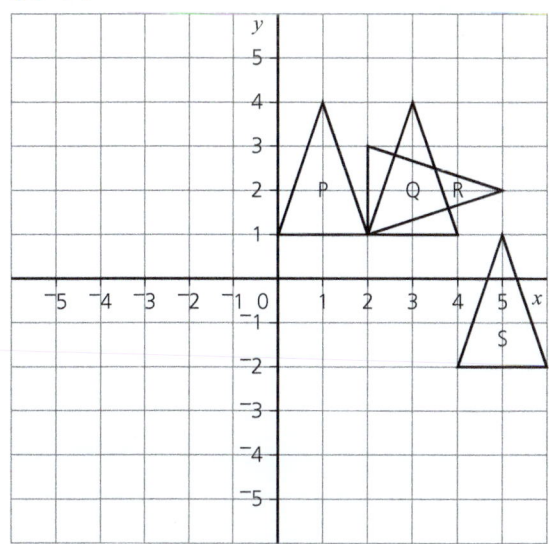

5. (a), (b)
   (c) Rotation through 180° about $(-1, -1)$ 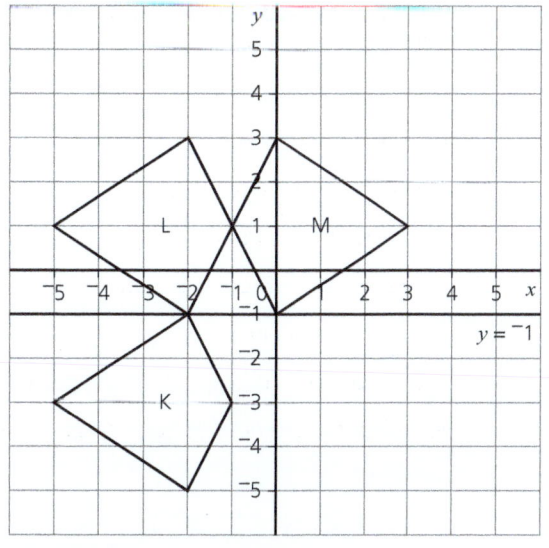

121

6 (a)–(c)

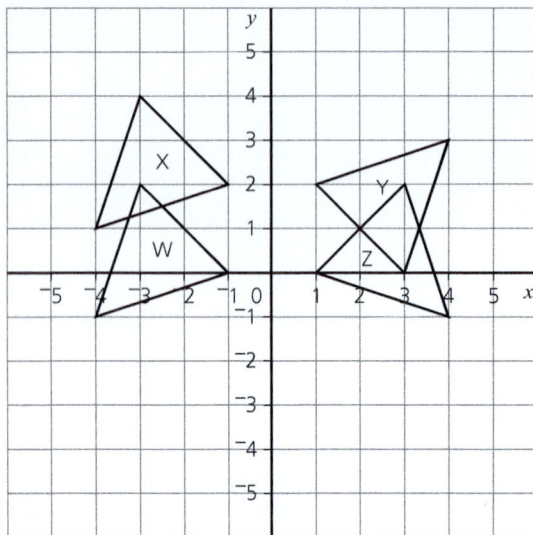

(d) The transformation that maps W to Z is a reflection in $x = 0$ (the y-axis).

Activity: The four-colour problem

This is a useful cross-curricular link with geography as well as being a fascinating investigation in its own right. Pupils need to think of their own definitions and then hypotheses and then they can try to test each other's theories. Not as simple as it may look!

See pupils' answers. Check they have not coloured two adjacent regions the same colour.

18 3D shapes

This chapter starts with some practical work on nets and surface area that should help those that find visualising three dimensions difficult. Do encourage the drawing, cutting out and folding of nets where necessary.

The questions involve some of the constructions from Chapter 14

Exercise 18.1

1

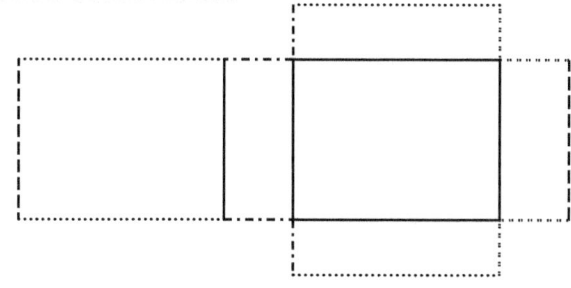

2

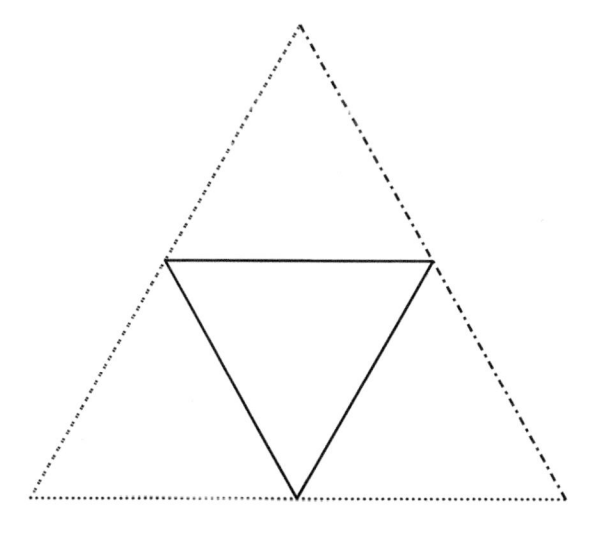

3

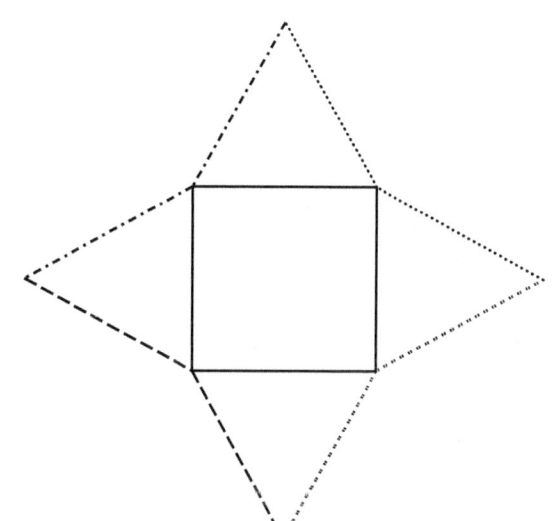

4 (a) 150 cm²   (b) 8.64 m²

5 (a) 61.6 m²   (b) 4150 cm²   (c) 4.05 m²

6 (a), (b) Check pupils' own constructions.
   (c) 5.2 cm   (d) 15.6 cm²
   (e) 62.4 cm² (May vary if pupils' constructions and measurements are slightly different.)

7 98.4 cm² (May vary if pupils' constructions and measurements are slightly different.)

8 224 cm² (May vary if pupils' constructions and measurements are slightly different.)

9

From the net drawn this way you can see that 22 × height = 6 m²; 3 cm

10 (a) 30 (Other answers are possible depending how they arrange the nets on the sheet.)

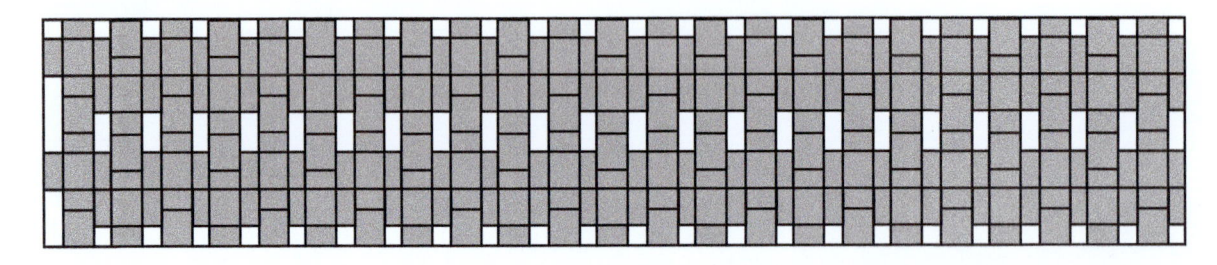

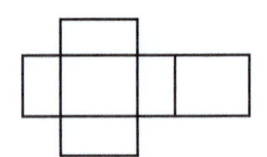

   (b) For 30, $43\frac{1}{3}$ %; for 40, 24.44%

Exercise 18.2

1. (a) 105 cm³ (b) 600 m³ (c) 1.536 m³
2. (a) 125 cm³ (b) 125 000 cm³ (c) 0.125 cm³
3. (a) 129 600 cm³ (b) 5.376 cm³ (c) 2.16 m³
4. 1200 litres
5. 9 litres
6. They all have a volume of 125 litres.
7. (a) 5000 (b) 500 (c) 50
8. 224 millilitres
9. A cube of side 8 cm (512 ml) is larger than half a litre, or a cuboid with sides 5 cm, 9 cm and 11 cm (495 ml).
10. (a) 1 × 1 × 24, 1 × 2 × 12, 2 × 2 × 6, 1 × 3 × 8, 1 × 4 × 6, 2 × 3 × 4
    You can make 6 cuboids.
    (b) 1 × 1 × 36, 1 × 2 × 18, 1 × 3 × 12, 1 × 4 × 9, 1 × 6 × 6
    2 × 3 × 6, 3 × 3 × 4, 2 × 2 × 9, 1 × 6 × 6   You can make 9 cuboids.
    (c) 1 × 1 × 35, 1 × 5 × 7   You can make 2 cuboids.
    (d) 1 × 1 × 37   You can make 1 cuboid.

Exercise 18.3

1. 5 cm
2. (a) 7 cm (b) 7.5 cm (c) 600 cm
3. (a) 5 cm (b) 4 cm
4. 120 cm
5. (a) 10 cm (b) 25 cm (c) 10 cm
6. (a) 20 cm (b) 2.5 cm
7. 30
8. (a) 64 (b) 27 whole solid cubes
9. 0.625 cm (just over 6 mm)
10. 7 mm

Exercise 18.4

1. £1.04
2. £4.40
3. (a) 0.9 l (b) £1.50
4. The same £6 per litre
5. Shampoo for £1.50 per litre
6. Yes, a box of muesli is better value.
7. 80 cm
8. 0.10 g/cm^3
9. 1.75 litre: £13.80
10. (a) 4.25 litres

    (b) Pots of 1.25 = £90 or 1 × 1.25 + 2 × 1.75 = £70.80 but best value is:
    2 × 1.25 + 1 × 1.75 = £69.15

    (c) £10.42

    The cheapest way to buy the paint is 3 × 1.75 = £60.38. This answer is correct if buying 1 × 2.5 and 2 × 1.75 = £70.80 but best value is 2 × 1.25 and 1 × 1.75 which gives £69.15. So the saving would only be £69.15 − £60.38 = £8.77

Summary Exercise 18.5

This is an excellent exercise to provide practice in using a spreadsheet program.

1.

x	$8 - 2x$	$10 - 2x$	Volume
1	6	8	48
1.5	5	7	52.5
2	4	6	48
2.5	3	5	37.5
3	2	4	24
3.5	1	3	10.5

2

x	20 − 2x	20 − 2x	Volume
1	18	18	324
1.5	17	17	433.5
2	16	16	512
2.5	15	15	562.5
3	14	14	588
3.5	13	13	591.5
4	12	12	576
4.5	11	11	544.5
5	10	10	500
5.5	9	9	445.5
6	8	8	384
6.5	7	7	318.5
7	6	6	252
7.5	5	5	187.5
8	4	4	128
8.5	3	3	76.5

As the results are not symmetrical about the highest value, suggest that the pupils draw a graph of their results.

3

x	15 − 2x	20 − 2x	Volume
1	13	18	234
1.5	12	17	306
2	11	16	352
2.5	10	15	375
3	9	14	378
3.5	8	13	364
4	7	12	336
4.5	6	11	297
5	5	10	250
5.5	4	9	198
6	3	8	144

4 x against volume

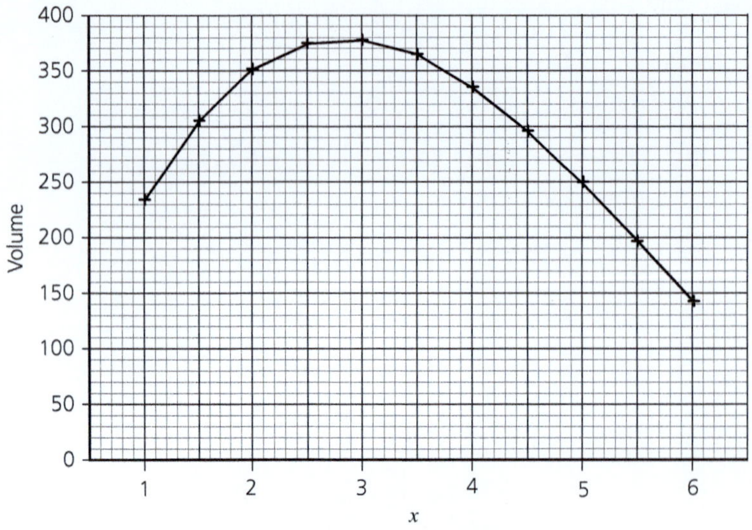

5

x	$21 - 2x$	$29 - 2x$	Volume
1	19	27	513
1.5	18	26	702
2	17	25	850
2.5	16	24	960
3	15	23	1035
3.5	14	22	1078
4	13	21	1092
4.5	12	20	1080
5	11	19	1045
5.5	10	18	990
6	9	17	918
6.5	8	16	832
7	7	15	735

Maximum volume 1092 cubic units

6

x	x^2	$4x^2$	$80 - 4x^2$
1	1	4	76
1.5	2.25	9	71
2	4	16	64
2.5	6.25	25	55
3	9	36	44
3.5	12.25	49	31

Summary Exercise 18.6

1. (a) 216 cm² (b) 216 cm³
2. (a) 103.4 cm² (b) 36 cm³
3. 110.4 cm² Answers may vary due to nature of construction.
4. (a) (i) 4 cm (ii) 0.064 litres
   (b) (i) 7 cm (ii) 0.343 litres
5. (a) 5 000 000 cm³ (b) 5 m³
6. 4 cm
7. 2 litres of DAX at £3.10
8. (a) £9.60 (b) £4.80 (c) 50%
9. 480
10. 105 cm³

Activity: Euler's theorem

Pupils thoroughly enjoy this investigation and you can expand it by constructing lots of polyhedra.

If you have access to polyhedra then it can make this investigation simpler (although you lose some of the fun!).

Name	Faces	Edges	Vertices
Tetrahedron	4	6	4
Square-based pyramid	5	8	5
Cube	6	12	8
Octahedron	8	12	6
Dodecahedron	12	30	20
Icosahedron	20	30	12

Therefore $F + V = E + 2$

19 Algebra 3: More equations

This chapter leads pupils through equation solving, gradually increasing the level of difficulty and addressing some common problems. It does go beyond the requirements of levels one and two, but most pupils will manage the graduated approach and grow in confidence.

These exercises can be completed at any time.

Exercise 19.1

1 4
2 6
3 7
4 4
5 5
6 3
7 3
8 2
9 1
10 2

Exercise 19.2

1 5
2 10
3 5
4 4
5 7
6 7
7 2
8 5
9 −9
10 3

Exercise 19.3

1 −5
2 4
3 −11
4 6
5 −10
6 −3
7 3
8 −2
9 −1
10 −4
11 $\frac{2}{3}$
12 $3\frac{1}{2}$
13 $-1\frac{1}{2}$
14 $\frac{4}{5}$
15 $-2\frac{1}{5}$
16 $2\frac{1}{2}$
17 $\frac{5}{6}$
18 −1
19 $-3\frac{1}{2}$
20 $-2\frac{1}{3}$

Exercise 19.4

1. $1\frac{1}{11}$
2. $1\frac{4}{5}$
3. $\frac{4}{9}$
4. $-\frac{1}{4}$
5. -1
6. $\frac{1}{16}$
7. $4\frac{1}{4}$
8. $-\frac{3}{13}$
9. -1
10. $\frac{13}{22}$

Exercise 19.5

1. 2
2. 3
3. $1\frac{2}{3}$
4. 20
5. 3
6. 2
7. $-\frac{1}{3}$
8. $6\frac{1}{2}$
9. 12
10. 26
11. $2\frac{1}{3}$
12. 4
13. -14
14. $2\frac{1}{2}$
15. $\frac{1}{5}$
16. -1
17. -1
18. $-2\frac{1}{2}$
19. $-1\frac{1}{8}$
20. $-\frac{1}{5}$

Exercise 19.6

1. (a) $4x$
   (b) $2x + 30$
   (c) $2x + 30 = 4x$, $x = 15$
   (d) 15p, 60p

2. (a) $4c + 144$
   (b) $5c + 72$
   (c) $4c + 144 = 5c + 72$, $c = 72$
   (d) £3.60

3. $2x + 30 + x = 180$, $x = 50$

4. (a) 180°
   (b) $6x - 42 = 180$; 37°, 56°, 87°

5. (a) $s - 5$
   (b) $s + 10$
   (c) $2s - 5 = s + 10$, $s = 15$
   (d) 50 cm

6. (a) $m + 10$, $m - 2$
   (b) $3m + 8$
   (c) $4m$
   (d) $3m + 8 = 4m$; £8, £18, £6

7. (a) $3x$
   (b) $x + 15$
   (c) $x + 15 = 4x$, 5, 15, 20

8. (a) s
   (b) $s - 4$
   (c) $2s - 8$ or $2(s - 4)$
   (d) $3s - 8 = 28$, 12 years and 8 years

9 $10x - 8 = 52$, 19 cm and 7 cm
10 $2x + 9 = 3x - 1$, 841 cm²
11 735
12 18p, 24p

Extension Exercise 19.7

1 (a) (i) 10 # 6
  (b) (i) 3   (iii) 4   (v) 5
      (ii) 19   (iv) 1   (vi) 4

2 (a) (ii) ⁻5 ‡ ⁻2   (iii) 2 × 3 ‡ 3² ‡
  (b) (i) 42   (iii) ⁻1   (v) $\frac{1}{2}$
      (ii) ⁻8   (iv) 3

3 (a) (i) 4 △ 6   (ii) 3 △ 1   (iii) $\frac{1}{2}$ △ ⁻1
  (b) (i) $1\frac{1}{2}$ (iii) 1   (v) ⁻1
      (ii) 10   (iv) $1\frac{1}{4}$ (vi) ⁻2

Note: the answers shown for (v) and (vi) are possible answers. Pupils may give other answers.

4 (a) (i) 1 ◇ 19 and (iii) 3 ◇ 3
  (b) Only if y is negative.
  (c) (i) 27   (ii) 26   (iii) 23
  (d) For example, 3 ◇ 12, 6 ◇ 24

Summary Exercise 19.8

1 (a) ⁻3   (c) 1   (e) $1\frac{2}{3}$
  (b) 11   (d) $-\frac{1}{4}$ (f) 2

2 (a) (i) $2x$ (ii) $x + 10$
  (b) $3x + 7 = x + 10$, Charlie has €1.5
  (c) €23

3 (a) $5x + 8$
  (b) $4x + 12$
  (c) $5x + 8 = 4x + 12$, $x = 4$ pence

4 (a) $2x$
  (b) $10x + 150 = 11x + 55$; Normal price would be £1.90
     $95 = x$ (special offer)
  (c) £11

20 Sequences

Previously, pupils have looked at sequences purely arithmetically. This exercise introduces algebra into the process.

Exercise 20.1

1. (a) (i) 30, 35, 40
   (ii) 31, 36, 41
   (b) (i) 100 × 5 = 500
   (ii) 100 × 5 + 1 = 501

2. (a) (i) 24, 28, 32
   (ii) 23, 27, 31
   (b) (i) 100 × 4 = 400
   (ii) 100 × 4 − 1 = 399

3. (a) (i) 36, 42, 48
   (ii) 39, 45, 51
   (b) (i) 100 × 6 = 600
   (ii) 100 × 6 + 3 = 603

4. (a) (i) 17, 20, 23
   (ii) 40, 47, 54
   (iii) 29, 34, 39
   (b) (i) 100 × 3 − 1 = 299
   (ii) 100 × 7 − 2 = 698
   (iii) 100 × 5 − 1 = 499

5. (a) (i) 36, 49, 64
   (ii) 21, 28, 36
   (iii) 21, 34, 55
   (b) (i) 10 × 10 = 100
   (ii) 1 + 2 + 3 + 4 + 5 + 6 + 7 + 8 + 9 + 10 = 55
   (iii) 55 is the tenth term

Exercise 20.2

1. (a)

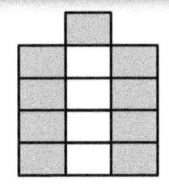

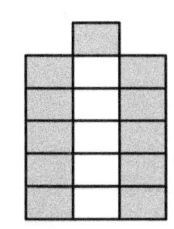

(b)

White rectangles	1	2	3	4	5	100
Green rectangles	3	5	7	9	11	201

(c) 2 × 100 + 1

2 (a)

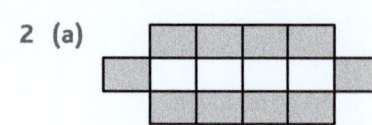

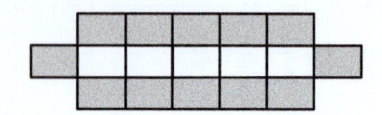

(b)
White rectangles	1	2	3	4	5	10	20
Green rectangles	4	6	8	10	12	22	42

(c) $2 \times 20 + 2$

3 (a)

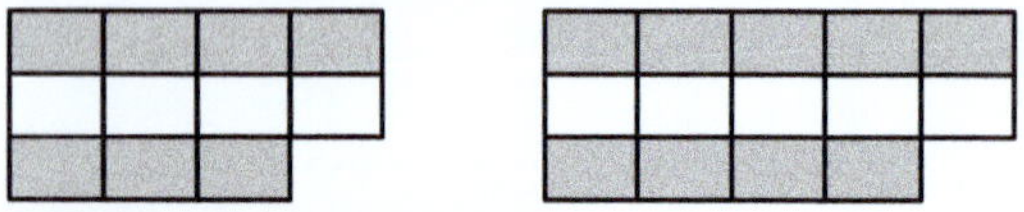

(b)
White squares	1	2	3	4	5	10	20	100
Green rectangles	1	3	5	7	9	19	39	199

(c) $2 \times 100 - 1$

(d) Odd numbers

4 (a)

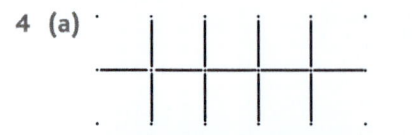

(b)
Pattern number	1	2	3	4	5	10	20	100
Lines	4	7	10	13	16	31	61	301

(c) $3 \times 100 + 1$

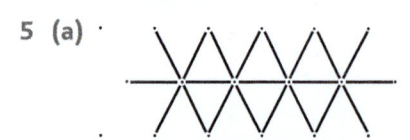

5 (a)

Pattern 4   Pattern 5

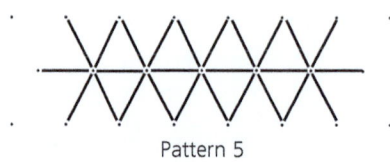

(b)
Pattern number	1	2	3	4	5	10	20	100
Lines	6	11	16	21	26	51	101	501

(c) $5 \times 100 + 1$

6 (a)

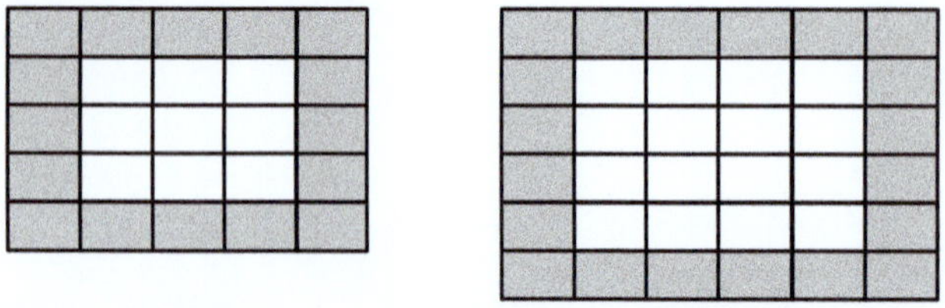

Pattern 4   Pattern 5

20 Sequences

134

(b)

Pattern number	Green rectangles	White rectangles	Total rectangles
1	1	0	1
2	4	0	4
3	8	1	9
4	12	4	16
5	16	9	25
6	20	16	36
10	36	64	100
100	396	9604	10000

(c) Total is 100×100

White is 98×98

Green is the difference.

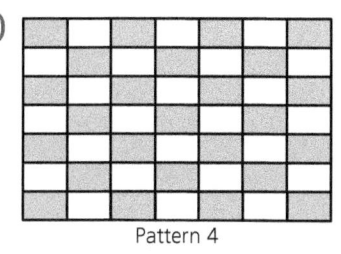

7 (a)

Pattern 4

Pattern 5

(b)

Pattern number	Green rectangles	White rectangles	Total rectangles
1	1	0	1
2	5	4	9
3	13	12	25
4	25	24	49
5	41	40	81
6	61	60	121
10	181	180	361
100	19801	19800	39601

(c) The total is $(2n-1)^2$. The number of green rectangles is $\frac{(2n-1)^2+1}{2}$ and the number of white rectangles is $\frac{(2n-1)^2-1}{2}$

For the 100th pattern number therefore, the total is $(200-1)^2$

The number of green rectangles is $\frac{(200-1)^2+1}{2}$ and the number of white rectangles is the difference, $\frac{(200-1)^2-1}{2}$

8 Check pupils' own patterns, tables and numbers in their 100th pattern.

Exercise 20.3

1. (a) 5 (b) 6 (c) 7 (d) 8
2. (a) 0 (b) 1 (c) 2 (d) 3
3. (a) 5 (b) 8 (c) 23 (d) 32
4. (a) 5 (b) 9 (c) 13 (d) 19
5. (a) 6 (b) 7 (c) 11 (d) 14
6. (a) 6 (b) 26 (c) 101 (d) 501

Exercise 20.4

1. 14, 17, 20; nth term = $3n - 1$
2. 26, 31, 36; nth term = $5n + 1$
3. 18, 22, 26; nth term = $4n - 2$
4. 33, 40, 47; nth term = $7n - 2$
5. 27, 33, 39; nth term = $6n - 3$
6. Q1: $2n + 1$

   Q2: $2n + 2$

   Q3: $2n - 1$

   Q4: $3n + 1$

   Q5: $5n + 1$

Exercise 20.5

1. 25, 36, 49; nth term = n^2
2. 26, 37, 50; nth term = $n^2 + 1$
3. 24, 35, 48; nth term = $n^2 - 1$
4. 28, 39, 52; nth term = $n^2 + 3$
5. Q6: Total is n^2; white is $(n - 2)^2$; green is the difference or $4n - 4$

   Note that this does not work for $n = 1$; it only works for $n > 1$ because $4 \times 1 - 4 \rightarrow 0$, so for Pattern 1 there should be no green rectangles. However there is one white rectangle.

White rectangle $(n - 2)^2$

$\rightarrow (1 - 2)^2$

$\rightarrow (^-1)^2$

$\rightarrow 1$

Question 7: Total is $(2n - 1)^2$; green is $\frac{(2n-1)^2+1}{2}$; white is the difference $\frac{(2n-1)^2-1}{2}$

Extension Exercise 20.6

1 (a) 20, 27, 35

  nth term is $\frac{1}{2}n(n + 1) - 1$

  (b) 21, 28, 36; $\frac{1}{2}n(n - 1)$

  (c) 42, 56, 72; $n(n + 1)$

2 (a) Possible answers are

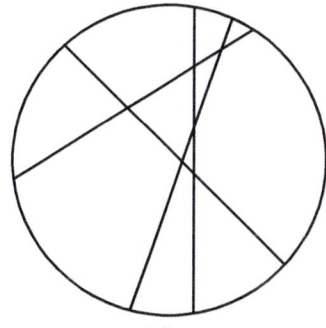

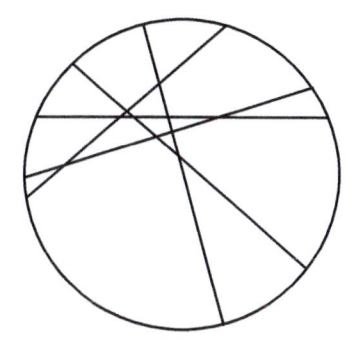

4 lines   5 lines   6 lines

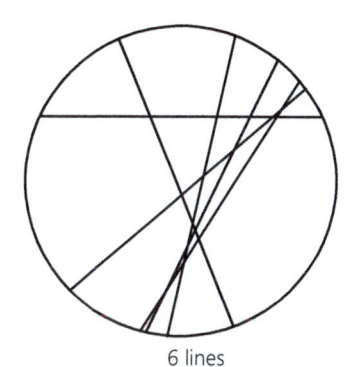

(b)

Number of lines	1	2	3	4	5	6
Number of regions	2	4	7	11	16	22

(c) nth term = $\frac{1}{2}n(n + 1) + 1$ (d) pupil's own drawing.

3 (a) 31, 50, 81   (c) 16, 26, 42

  (b) 29, 47, 76

4 (a) 2, 3, 5, 8, 12, 17, 23, 30   (c) 1, 7, 17, 31, 49, 71, 97

  (b) 1, 5, 6, 11, 17, 28, 45   (d) 50, 32, 18, 8, 2, 0, 2, 8

  This is interesting as the pattern of differences goes up by 4 each time: $^-18, ^-14, ^-10$ and it therefore turns around to become plus: $^-6, ^-2, ^+2,$ 50 ($^-18$), 32 ($^-14$), 18 ($^-10$), 8 ($^-6$), 2 ($^-2$), 0 ($^+2$), 2 ($^+6$), 8

Summary Exercise 20.7

1. (a) (i) 48, 56, 64   (ii) 45, 53, 61
   (b) (i) 8 × 100 = 800   (ii) 8 × 100 − 3 = 797
2. (a) (i) 59, 69, 79,   (ii) 32, 37, 42
   (b) (i) 10 × 100 − 1 = 999   (ii) 5 × 100 + 2 = 502
3. (a)

   (b)

Number of green dots	1	2	3	4	5	6
Number of black dots	4	6	8	10	12	14

   (c) 22
   (d) 49
4. (a) 17   (b) 11   (c) 2   (d) −16
5. 17, 21, 25; $T_n = 4n - 3$
6. 27, 38, 51; $T_n = n^2 + 2$

Activity: Pentagonal and hexagonal numbers

Number	First	Second	Third	Fourth	Fifth	nth
Triangular	1	3	6	10	15	$\frac{1}{2}n(n+1)$
Square	1	4	9	16	25	n^2 or $\frac{1}{2}n(2n+0)$
Pentagonal	1	5	12	22	35	$\frac{1}{2}n(3n-1)$
Hexagonal	1	6	15	28	45	$\frac{1}{2}n(4n-2)$ or $n(2n-1)$
Heptagonal	1	7	18	34	55	$\frac{1}{2}n(5n-3)$
Octagonal	1	8	21	40	65	$\frac{1}{2}n(6n-4)$

Pupils will probably derive the formula in the form
$\frac{1}{2}n[(N-2)n - (N-4)]$
Some may approach it differently and write
$n + \frac{(N-2)n(n-1)}{2}$
This is just a different form of the same expression.